Aspetos Jurídicos da Pós-Negociação de Ações

Aspetos Jurídicos da Pós-Negociação de Ações
2013

Valdir Carlos Pereira Filho

OBRA
ASPETOS JURÍDICOS DA PÓS-NEGOCIAÇÃO DE AÇÕES
AUTOR
Valdir Carlos Pereira Filho
EDITOR
EDIÇÕES ALMEDINA, S.A.
Rua Fernandes Tomás, nºs 76, 78 e 79
3000-167 Coimbra
Tel.: 239 851 904 · Fax: 239 851 901
www.almedina.net · editora@almedina.net
DESIGN DE CAPA
FBA.
PRÉ-IMPRESSÃO
EDIÇÕES ALMEDINA, S.A.
IMPRESSÃO E ACABAMENTO
DIGITAL PAGE

Novembro, 2013
DEPÓSITO LEGAL
....

Apesar do cuidado e rigor colocados na elaboração da presente obra, devem os diplomas legais dela constantes ser sempre objecto de confirmação com as publicações oficiais.
Toda a reprodução desta obra, por fotocópia ou outro qualquer processo, sem prévia autorização escrita do Editor, é ilícita e passível de procedimento judicial contra o infractor.

 GRUPOALMEDINA

À minha mulher, Vivi;
Aos meus pais, Valdir e Valdira; e
Aos meus filhos: Lourenço, Marina e Pedro.

AGRADECIMENTOS

Primeiro gostaria de agradecer ao meu orientador, Professor Newton De Lucca, pela oportunidade dada, confiança depositada e liberdade concedida na elaboração da minha tese de doutorado que gerou este livro.

Gostaria de registrar meu agradecimento e admiração por pessoas que foram, cada uma a seu modo e época, importantes para minha formação pessoal, profissional e acadêmica. Agradeço e estimo a todos e a ordem que cito não se refere, de modo algum, à relevância, pois todos contam com meu apreço: Professora Maristela Basso, pelo inicial estímulo ao estudo e pesquisa, ainda na graduação da Faculdade de Direito da USP no grupo de estudos sobre MERCOSUL; Luiz Eduardo Martins Ferreira, por ter me levado para a Consultoria Jurídica da BOVESPA/CBLC e por ter aberto as portas da atividade docente para mim; Athos Procópio de Oliveira Jr., com quem muito aprendi a advogar em direito bancário e me incentivou no início da pós-graduação; Izalco Sardenberg Neto, pela convivência na BM&FBOVESPA, por me mostrar a ver tudo sob um ângulo diferente e com equilíbrio e pela compreensão e apoio durante a elaboração da tese e deste livro; Joanna Benjamin, professora da *London School of Economics* pelas suas brilhantes aulas e por me apresentar ao assunto que inspirou este livro; Nora Rachman, pela amizade, incentivo e conselhos dados ao longo da minha trajetória profissional e acadêmica; Taimi Haensel, pela ajuda, apoio e paciência na finalização da tese.

Agradeço, de modo especial, aos meus pais, pelo apoio, força e amor que recebo desde que nasci e que foram fundamentais para minhas conquistas. Minha mulher e meus filhos, minha fonte de inspiração para seguir adiante, também merecem agradecimentos muito especiais.

Agradeço à banca examinadora da defesa da minha tese, composta, juntamente com meu orientador, pelos professores Francisco Satiro de Souza Junior, Ilene Patricia de Noronha Najjarian, Otávio e Yazbek e Maristela Basso. Agradeço a todos os membros da banca pelo tempo dispendido, pelos comentários e pelas discussões entabuladas na arguição que contribuíram para este livro.

Os meus alunos merecem, também, minha gratidão, pois a atividade docente é um desafio e estímulo intelectual. Espero que este livro, de alguma forma, seja útil em seus estudos e trabalhos e sirva para dividir conhecimento e contribuir para o seu crescimento. Ensinar é uma troca, aprendo muito com meus alunos e, após cada aula, saio melhor do que entrei por força do que cada classe me ensina. A experiência de ser professor é dada pelos alunos.

Por fim, agradeço a todos que me acompanharam e torcem por mim.

PREFÁCIO

Claudio L. S. Haddad

Conheço o Professor Valdir Carlos Pereira Filho desde 2003, quando ele foi convidado a ser coordenador do programa de LLM do Insper, tendo sido professor de direito na Escola desde então.

Durante esse período de tempo, o Professor Valdir, além de lecionar no Insper, ingressou e completou o programa de doutorado da Faculdade de Direito da Universidade de São Paulo, defendendo esta tese que agora está sendo publicada na coleção Insper - Almedina.

Este trabalho é particularmente oportuno, por examinar uma área normalmente pouco explorada na literatura, a estrutura jurídica da pós-negociação de ações, que nada mais é do que o *back-office* da negociação.

Assuntos relativos ao *back-office* tendem a ser colocados em segundo plano quando comparados aos do *front-office*. Nas instituições financeiras, até a crise de 2008, profissionais na linha de frente, como operadores, banqueiros, administradores de carteira e vendedores tinham primazia, tanto em remuneração quanto em prestígio e possibilidade de ascensão na organização, do que os ligados à retaguarda das operações. Anestesiados pelo sucesso acumulado, por um longo período de estabilidade macroeconômica com abundante liquidez e por uma regulamentação complacente, a resultante foi que muitas instituições importantes passaram a assumir altos nível de alavancagem e exposição a risco, o que culminou na quebra de várias delas e em perdas generalizadas aos investidores, gerando uma crise financeira que perdura até hoje.

Um dos fatores que sem dúvida contribuiu para agravar o impacto da crise foi a precariedade da estrutura da pós-negociação, mesmo em mercados altamente líquidos como o norte-americano. A falta de mecanismos adequados de compensação eletrônica escritural fez com que a quebra da Lehman Brothers, ao romper um elo importante na cadeia de transações, paralisasse os mercados, não só aumentando o volume de recursos que o Federal Reserve teve de injetar no sistema financeiro, como gerando pânico e incerteza aos investidores.

Neste particular, o Brasil é exemplar. Desde 1980 com a implantação do SELIC e, poucos anos depois, com o CETIP, o sistema de liquidação de operações de renda fixa no Brasil ficou absolutamente seguro, à prova de quebra de qualquer instituição ao longo da cadeia de transações, tendo resistido a todas as crises financeiras que ocorreram de lá para cá.

No que se refere a ações, a contraparte central que assume, no Brasil, ambas as funções de negociação e pós-negociação é a BM&FBOVESPA (BVMF). Ao contrário da maioria das Bolsas do mundo, a BVMF é integrada verticalmente, cuidando de todas as atividades da pós-negociação: confirmação das negociações, compensação, liquidação e custódia. Para poder exercer eficientemente essas funções, a BVMF deve ter uma infraestrutura operacional, principalmente no que se refere a sistemas, que seja funcional, segura e atualizada tecnologicamente. Além disso, como explica o Professor Valdir, ela tem de monitorar adequadamente os riscos de crédito, liquidez, operacional e legal que enfrenta, para tanto mantendo um colchão de liquidez que lhe garanta a cobertura dos mesmos.

Assim como no caso da renda fixa, o fato de o sistema de liquidação de ações, tanto na negociação quanto na pós, ter se mostrado hígido e confiável neste último quarto de século, apesar da volatilidade econômica verificada em diversas ocasiões neste período, atesta sua solidez.

Os aspectos legais envolvidos na operação da pós-negociação, cruciais para um bom entendimento do que ela implica para advogados, reguladores e operadores do sistema, são muito bem expostos e analisados neste livro pelo Professor Valdir. As operações estudadas englobam as realizadas no Brasil e as *cross-border*, por estrangeiros no Brasil ou por brasileiros no exterior. Conclui o Professor Valdir que a legislação brasileira a respeito propicia a segurança jurídica necessária à atividade de pós-negociação e que a BVMF está adequada às melhores normas e práticas internacionais

PREFÁCIO

de gerenciamento de risco. Desta forma, o mercado de capitais brasileiro apresentaria um alto grau de confiabilidade e segurança.

A experiência dos últimos anos tem relembrado, ainda que de forma traumática, às instituições financeiras, investidores e reguladores que uma boa execução da pós-negociação, aliada a um eficaz gerenciamento de risco são tão importantes quanto as atividades de geração de receita. Afinal, a natureza do sistema financeiro é trabalhar alavancado e, como não existe mágica em finanças, mais alavancagem traz necessariamente mais risco. De nada vale um bom ataque sem uma defesa firme e eficaz.

É portanto de crucial importância haver um entendimento sobre todos os riscos envolvidos em uma negociação, tanto na compra e venda em si quanto em tudo o que é necessário fazer para validá-la, garantindo-se os direitos das partes. Este livro do Professor Valdir examina os importantes aspectos legais na pós-negociação de ações, preenchendo lacuna importante na literatura brasileira a respeito e sendo, pois, recomendável a todos os envolvidos, direta ou indiretamente, com ela.

FOREWORD

I had the pleasure to teach Valdir Carlos Pereira Filho at the London School of Economics in my post graduate LLM class, Interests in Securities, many years ago in 2002-3. At the time, the post trade infrastructure for investment securities was generally regarded as an obscure subject. I was delighted to find in Valdir another enthusiast, who shared my view that the back office merits close legal attention. He took the ball and ran with it. Valdir has contributed to legal risk management in the field at the highest level, both in his distinguished career as a legal practitioner, and in his academic analysis. The latter has now culminated in his PhD thesis, and I am honoured to write the foreword to its publication as a book.

The financial crisis of 2007/8 demonstrated the central importance of clearing and settlement in managing systemic risk. Indeed, one the few pieces of good news associated the crisis was the success of central clearing in containing the fallout of the failure of securities houses. This explains the international drive towards enhancing the post trade infrastructure, and in particular mandating greater use of central clearing.

This book provides the first legal analysis of the Brazilian market infrastructure, and will prove invaluable to market participants, the public sector and academics alike. I congratulate Valdir on this important, timely and original contribution.

Professor Joanna Benjamin
London October 2013.

INTRODUÇÃO

Este livro é fruto da tese de doutorado, defendida em 06 de junho de 2012 na Faculdade de Direito da universidade de São Paulo, cujo título original era "Títulos e valores mobiliários escriturais: aspectos decorrentes da sua internacionalização".

A tese versou sobre aspectos decorrentes de operações transfronteiriças com títulos e valores mobiliários escriturais. O seu escopo consistiu em proceder a uma análise da ordenação jurídica brasileira em relação às ordenações estrangeiras relevantes por força de operações transfronteiriças que tenham por objeto valores mobiliários escriturais, notadamente operações de compra e venda de ações. Para tanto, foi necessário se debruçar sobre a estrutura de liquidação de operações domésticas envolvendo valores mobiliários, ou seja, como ocorre, por exemplo, a entrega das ações ao comprador e o pagamento pelo vendedor em negócios realizados no Brasil. Além disso, foi feita análise de operações com componente estrangeiro, classificadas como transfronteiriças ou internacionais, por envolverem um ou mais elementos, como parte ou valor mobiliário objeto, sujeitos a uma ou mais ordenações jurídicas diversas da brasileira.

Para alcançar o objetivo proposto na tese, foi necessário abordar questões relevantes, como: (i) a imobilização e desmaterialização dos valores mobiliários, que levaram ao surgimento dos valores mobiliários escriturais; (ii) a existência de intermediários entre o investidor final e o emissor dos valores mobiliários comum nas operações domésticas e transfronteiriças; (iii) os riscos inerentes às operações por força da presença dos intermediários; e (iv) as tendências e esforços de harmonização das normas aplicáveis às operações transfronteiriças com valores mobiliários que vêm ocorrendo no plano internacional. O foco foi a fase de pós-negociação de negócios de bolsa com ações, considerando as estruturas existentes em outros países e o modelo brasileiro, onde, além de descrevê-lo, analisaram-se as regras jurídicas pertinentes em nível legislativo e normativo, apresentando críticas quando pertinente.

A tese, aliada a interesse pessoal, outros estudos e atuação profissional, permitiu a elaboração deste livro sobre a pós-negociação de ações sob o prisma jurídico.

Se há uma quantidade bastante reduzida de obras jurídicas sobre mercado de capitais, a carência é ainda maior ao pensarmos na pós-negociação. A ausência de bibliografia na área sobre um tema tão importante motivou a elaboração deste livro. A ideia é contribuir para o desenvolvimento do tema na esfera jurídica, ainda mais, como demonstrado ao longo do livro, o Brasil tem muito a contribuir quando se trata de sistema de pagamentos e atividades de pós-negociação. A situação econômica do país já faz com que o mercado de capitais seja algo presente no meio da academia jurídica, mas ainda os trabalhos que encontramos, muitos brilhantes, se atem a negociação de valores mobiliários e a aspectos regulatórios. Com certeza, a compensação, liquidação e atividades de depósito e custódia ainda podem ser muito exploradas.

ÍNDICE

Considerações iniciais..19

Primeira parte
Os valores mobiliários escriturais...23

1. Evolução dos valores mobiliários em papel aos registros escriturais 23
2. Sistemas eletrônicos de liquidação e valores mobiliários escriturais.................28
3. Imobilização e desmaterialização de valores mobiliários 31
4. Valores mobiliários escriturais: complexidade e questões de propriedade......34
5. As ações nominativas escriturais no direito brasileiro 40

Segunda parte
A pós-negociação de valores mobiliários...45

1. Operações com valores mobiliários escriturais: negociação e pós-negociação 45
1.1. A fase de negociação...46
1.2. A fase de pós-negociação...48
2. As atividades que compõem a pós-negociação...53
2.1. A compensação 53
2.2. A liquidação...58
2.3. O depósito centralizado 61
3. A pós-negociação de ações no mercado de valores mobiliários brasileiro 64
3.1. Compensação e liquidação inseridas no sistema
de pagamentos brasileiro (spb)...64
3.2. Depositário central de valores mobiliários e custodiante 73
3.3. Análise crítica das normas da cvm referentes às atividades
de pós-negociação 86

ASPETOS JURÍDICOS DA PÓS-NEGOCIAÇÃO DE AÇÕES

Terceira parte
**Aspectos decorrentes da internacionalização
do mercado de valores mobiliários**..95

1. A internacionalização das operações com valores mobiliários: impacto nas ordena-
ções jurídicas 95
2. Tendências internacionais atuais 104
2.1. A convenção de haia..104
2.2. A convenção unidroit 107
3. Análise de operação transfronteiriça de compra
e venda de ações – aspectos jurídicos e regulatórios...112

Conclusões...121

Bibliografia..125

CONSIDERAÇÕES INICIAIS

O mercado de capitais sofreu grandes alterações na segunda metade do século XX, dentre as quais podemos destacar a desmaterialização dos títulos e valores mobiliários e o surgimento dos valores mobiliários escriturais.

O movimento que culminou na desmaterialização teve seu início nos anos 70 nos Estados Unidos e atingiu a Europa nos anos 80 pelo mercado londrino. Um dos motivos foi o fenômeno denominado *Paper crunch*, quando se verificou que a liquidação de operações por meio de documentos estava beirando o colapso e, portanto, comprometeria a higidez dos mercados. Além disso, outros fatores, como o desenvolvimento das telecomunicações, da informática e da *internet* contribuíram, significativamente, para a imobilização e desmaterialização dos títulos e valores mobiliários que conduziram ao surgimento dos valores mobiliários escriturais.

Os valores mobiliários escriturais propiciaram a constituição de sistemas eletrônicos de liquidação de valores mobiliários, que conferiram agilidade e segurança para a liquidação e trouxeram novos integrantes para a estrutura de pós-negociação, além dos sistemas eletrônicos de negociação, os depositários centrais ou centrais depositárias, os custodiantes e as contrapartes centrais. Enfim, edificou-se uma estrutura de pós-negociação que deve ser eficiente, sólida e tão ágil quanto às estruturas de negociação. Atualmente, a pós-negociação, ainda um pouco desconhecida, ganha relevo e se descortina para os profissionais e investidores do mercado tanto em escala doméstica quanto internacional.

Devido ao desenvolvimento das operações internacionais, sobretudo em situações limite como no caso de falência de participantes do mercado e de intermediários financeiros, começaram a surgir problemas de ordem prática para os operadores do direito, já que as diversas ordenações jurídicas envolvidas ofereciam tratamentos distintos para os conflitos. A situação se agrava quando um intermediário, ou seja, aquele que se encontra em determinado nível da cadeia de detenção dos direitos referentes ao valor mobiliário original, encontra-se em um país que não reconhece os registros escriturais como prova da propriedade. Com isso, seus credores poderiam se apossar dos ativos financeiros que, na verdade, pertencem aos clientes desse participante e, assim, quebrariam a cadeia trazendo prejuízo aos investidores finais (em clara dissociação do resultado da aplicação de norma jurídica à realidade econômica). A seriedade dessa situação levou às iniciativas de harmonização normativa, principalmente no âmbito da União Europeia, devido a grande fragmentação do mercado que se contrapõe ao objetivo maior de efetivamente criar uma integração com livre circulação de mercadorias, pessoas, bens, produtos e serviços. Houve iniciativas de grande relevo no plano internacional que contaram com a contribuição do Brasil e que já servem de tendência para onde as ordenações jurídicas caminham ou devem convergir.

O fato é que mercados domésticos e internacionais estão cada vez mais interligados e as operações transfronteiriças, em ascensão. Estes fatos, aliados à importância das atividades de pós-negociação, justificam a escolha do tema deste trabalho, nesse sentido:

> "Em poucas décadas a emissão de valores mobiliários mudou do mundo físico para o mundo virtual, do qual os intermediários financeiros detêm as chaves. Esta revolução se deve ao crescimento exponencial dos mercados financeiros e grandes desenvolvimentos em tecnologia de informação"[1]

---

[1] Tradução livre do autor de "In just a few decades, the issuance of securities has shifted from the physical to a virtual world, to which financial intermediaries hold the key. This revolution was prompted by the exponential growth of the financial markets and was made possible by dramatic improvements in information Technologies". In THÉVENOZ, Luc. *Intermediated Securities, Legal Risk, and the International Harmonisation of Commercial Law (01/09/07)*. Duke Law School Legal Studies Paper No. 170, p. 3. Disponível em: <http://ssrn.com/abstract=1008859>. Acesso em: jan. 2012.

CONSIDERAÇÕES INICIAIS

"Essencial para qualquer mercado de valores mobiliários é a transferência de propriedade do valor mobiliário do vendedor para o comprador em troca do pagamento. Daí veio a ideia de ter uma bolsa [exchange]. Entretanto, se a linguagem seguisse a lógica, as bolsas no mundo não deveriam ter este nome [exchange]. Os valores mobiliários podem ser listados nas bolsas, podem ser negociados em bolsas, mas a efetiva troca [exchange] de valores mobiliários ocorre por vários serviços de pós-negociação comumente aglutinados sob o título de liquidação e compensação."[2]

---

[2] Tradução livre do autor de: "Central to any securities market is the transfer of ownership of the security from seller to buyer in return of payment. That is where the idea of an exchange comes from. But if language followed logic, the world's securities exchanges would no longer glory in that name. Securities are listed on exchanges; they may be traded on exchanges. But the actual Exchange of the securities is handled by various 'post-trade' services which are commonly lumped together under the heading of clearing and settlement." In NORMAN, Peter. *Plumbers and Visionaires: securities Settlement and Europe's Financial Market*. Londres: John Wiley & Sons Ltd., 2007. p. 3

PRIMEIRA PARTE
OS VALORES MOBILIÁRIOS ESCRITURAIS

1. EVOLUÇÃO DOS VALORES MOBILIÁRIOS EM PAPEL AOS REGIS-TROS ESCRITURAIS

Os mercados financeiro e de capitais passaram por uma mudança profunda com a crescente e irreversível substituição da moeda física (notas e moedas metálicas) pela moeda escritural e a substituição dos valores mobiliários ao portador, assim como daqueles representados por certificados, pelos valores mobiliários escriturais. Na realidade do mercado de capitais, as cautelas desapareceram e cederam lugar aos registros escriturais, como são, por exemplo, as ações escriturais.

As operações financeiras, e aqui empregamos o termo "financeiras" de modo genérico incluindo aquelas típicas de mercado de capitais, estão perdendo seus meios tradicionais ou físicos (moeda, cautelas, cártulas) e passando a ser realizadas por meios escriturais, que consistem em registros eletrônicos (lançamentos em contas). Este fenômeno decorre do desenvolvimento da informática, telecomunicações e transmissão de dados. Desta forma, estamos vivendo um momento onde, nas precisas palavras de Fernando Zunzunegui: "a moeda fiduciária cede espaço para a moeda escritural e os títulos de crédito aos valores mobiliários escriturais ou registrados em conta"[3].

---

[3] Tradução livre do autor de "La moneda fiduciaria da paso a la moneda escritural y los titulos-valores a los valores escriturales o anotados en cuenta". In ZUNZUNEGUI, Fernando.

Com relação à moeda, cresce o pagamento por meio de lançamentos em conta, ou seja, crédito em contas operacionalizadas por meio de ordens de transferência, uso de cartões de crédito e operações na rede mundial de computadores, com o correspondente declínio do pagamento mediante entrega de moeda metálica ou papel. Aliás, o porte pelos indivíduos de moeda física também diminuiu drasticamente, acompanhando o crescimento do uso de cartões de crédito e débito e, hoje, até há o uso de celulares como meio de se efetuar pagamentos. A moeda escritural é uma realidade irreversível e, por conta da segurança, desejável por toda a sociedade. A técnica das atividades bancárias evoluiu em tal sentido, por estar apoiada na evolução tecnológica e na informática, tanto de equipamentos, como sistemas. A bem da verdade, a informatização e uso de tecnologia constitui uma tendência atual presente em praticamente todas as atividades humanas.

De forma semelhante, os valores mobiliários e o mercado de capitais também evoluíram e passaram a ser dominados pela forma escritural. Os valores mobiliários primeiro renderam-se à forma escritural para possibilitar sua circulação. Assim, ainda poderiam ser emitidos de forma física, mas tinham como destino ficar imóveis e circular por força de lançamentos a débito e crédito em contas de registro de valores mobiliários. Posteriormente, passaram a ter natureza escritural desde a sua emissão, sem nunca existir no mundo físico. A própria emissão já se dava da forma escritural.

Valores mobiliários são ativos financeiros[4] cuja característica mais marcante é a sua destinação para distribuição em massa. Pode-se dizer que são bens destinados à captação de recursos disponíveis junto ao público investidor, ou seja, títulos de massa, logo meios de captação da poupança

---

Derecho del Mercado Financiero. 3. ed. Madrid: Marcial Pons, 2005. p. 184.

[4] O termo "ativo", apesar de juridicamente ser impreciso, considerando a natureza econômica dos valores mobiliários, é bastante útil e acaba sendo prático. Em outras palavras, os valores mobiliários são *ativos* destinados à distribuição em massa, ou seja, meios de captação de poupança popular ou de investimento. Em doutrina estrangeira, o emprego do termo *financial asset* é feito de forma precisa e sem gerar consternação linguística. Veja-se BENJAMIN, Joanna. *Interests in Securities.* 1. ed. Oxford: Oxford University Press, 2000. p. 4, que diz de forma direta e simples: *securities are a type of transferable financial asset.* A única cautela que é preciso ter é que, no geral, *securities* pode incluir títulos públicos e, no regime aplicável no Brasil, os títulos públicos estão excluídos expressamente do regime da Lei 6.385, por força do § 2º do artigo 2º da referida lei. Não entraremos aqui na discussão da caracterização dos títulos públicos como valores mobiliários, até porque eles efetivamente reúnem as características de valor mobiliários ou de *security*, mas são expressamente afastados do regime da Lei 6.385/76.

popular[5]. Na ordenação pátria, a definição de valor mobiliário se encontra no artigo 2º da Lei 6.385, de 07 de dezembro de 1976 ("Lei 6.385/76"), cuja redação atual, além de contar com uma lista ou rol de produtos, contratos ou bens que são considerados valores mobiliários, em seu inciso IX, contem um conceito ou definição de contrato de investimento coletivo[6]. Desta forma, qualquer produto financeiro, contrato ou bem ofertado ao público que se enquadre no artigo 2º da Lei 6.385/76, seja por ser um dos itens arrolados nos incisos I a VIII, seja por se enquadrar na definição de contrato de investimento coletivo prevista no inciso IX, será considerado valor mobiliário e, assim, sujeitar-se-á ao regime previsto na Lei 6.385/76[7], que consiste, basicamente, na sujeição à regulação da CVM[8].

---

[5] Conforme ensina Newton De Lucca: "O único traço distintivo – se é que se possa falar assim – é o de que os valores mobiliários assumem, em princípio, a característica de serem negociados em mercado. Exatamente por serem negócios realizados em massa cuidou a lei de proteger, por diversas formas, os titulares desses papéis." DE LUCCA, Newton. *A Cambial- -Extrato*. São Paulo: Saraiva, 1985. p. 148.

[6] Inciso inserido no art. 2º da Lei 6.385/76 pela Lei nº 10.303, de 31 de outubro de 2001, sendo que o Contrato de Investimento Coletivo foi criado pela Medida Provisória nº 1.637/98 convertida na Lei nº 10.198 de 14 de fevereiro de 2011. A criação do Contrato de Investimento Coletivo significou uma resposta aos escândalos relacionados aos investimentos em "Boi Gordo" e significaram uma ruptura com a inspiração francesa para a adoção de um conceito próximo ao conceito de *security* do direito norte americano. Neste sentido, vide item 3.2.3 de EIZIRIK, Nelson; GAAL, Ariadna B.; PARENTE, Flávia; HENRIQUES, Marcus de Freitas. *Mercado de Capitais – Regime Jurídico*. 3. ed. rev. e ampl. Rio de Janeiro: Renovar, 2011. Ainda, com relação ao caso "Boi Gordo", vide VERÇOSA, Haroldo Malheiros Duclerc Verçosa. A CVM e os Contratos de Investimento Coletivo ("boi gordo" e outros). *Revista de Direito Mercantil, Industrial, Econômico e Financeiro*, v. 108, p. 91-100, out./dez. 1997

[7] Ainda, conforme ensina Newton de Lucca na emblemática obra A Cambial-Extrato, já citada: "Acresce dizer que a identificação de um instrumento como valor mobiliário não traduz interesse prático maior. O único interesse reside na aplicação ou não da Lei 6.385 a ele (...) a identificação de um papel como valor mobiliário somente assume interesse na medida em que a ele se pretenda aplicar os dispositivos da Lei 6.385". DE LUCCA. *A Cambial-Extrato*, 1985. p. 149.

[8] Na verdade, o regime da Lei 6.385/76 prevê a CVM como autoridade reguladora do mercado de valores mobiliários. Logo quando um contrato, título ou produto do mercado é considerado valor mobiliário, temos que o regime da lei seja aplicável e este determina, por exemplo, a necessidade de registro de emissor, registro de oferta, conforme artigos 21 e 19 da referida lei, respectivamente, sendo a CVM a administradora de tais registros. Além disso, a lei expressamente atribui competência para a CVM e poder disciplinar sobre emissores e intermediários que participem do mercado de capitais, como os intermediários de operações com valores mobiliários (*i.e.* integrantes do sistema de distribuição de valores mobiliários).

ASPETOS JURÍDICOS DA PÓS-NEGOCIAÇÃO DE AÇÕES

Sem considerarmos situações específicas de determinadas países e respectivas ordenações, como o caso do Brasil[9], os valores mobiliários podem ter forma nominativa ou ao portador[10].

Na forma ao portador, o detentor da cártula representativa do valor mobiliário é seu titular e pode exercer os direitos inerentes ao referido valor mobiliário, como, por exemplo, receber proventos ou exercer direitos políticos, sendo, portanto, essencial a detenção e exibição da cártula.

No caso específico das ações, que constituem espécie por excelência de valores mobiliários, houve a evolução das ações ao portador para as ações nominativas, ou seja, aquelas registradas em nome do acionista junto ao registro do emissor, de forma que a qualidade de acionista decorre da inscrição de seu nome no competente registro ou livro. O registro do acionista ocasionava a emissão de um certificado que serve como prova do *status* de acionista e da propriedade, constituída com o registro, sobre determinadas ações. Entretanto, este certificado não se confunde com uma ação ao portador corporificada numa cautela, pois o certificado representativo de uma ação nominativa apenas demonstra que tal pessoa é acionista e titular de determinadas ações, mas a entrega do certificado não gera transferência de propriedade (já no caso de uma ação ao portador, a tradição da cártula constitui a transmissão de propriedade).

O crescimento dos mercados domésticos e internacional levou a um progressivo e constante aumento do número de negócios jurídicos que tinham por objeto valores mobiliários. Desta forma, para que os negócios pactuados pudessem ser concluídos, era necessário proceder à entrega de valores mobiliários ao portador, ensejando o trânsito físico destes, ou, no caso de valores mobiliários nominativos, proceder à efetivação de registro para transferência de titularidade, já que os certificados, quando existentes, não se prestavam para ser objeto de tradição com efeito de transferir a propriedade sobre as ações que representam. O aumento no volume de operações de compra e venda de valores mobiliários fez com que as eta-

---

[9] Por força das disposições da Lei 8.021/90 adiante comentada, não há mais a forma ao portador em nossa ordenação desde 1991.

[10] Historicamente, os Estados Unidos e Reino Unido sempre privilegiaram ações nominativas e os países europeus, as ações ao portador. Esta situação justificará o desenvolvimento, desde cedo, no continente europeu de estruturas de imobilização e, nos EUA e Reino Unido, de estruturas fundadas na figura típica da *common law* denominada *trust*, adiante referida com mais clareza.

OS VALORES MOBILIÁRIOS ESCRITURAIS

pas necessárias para a efetivação dos negócios jurídicos pactuados deixassem de ocorrer de forma eficiente e no tempo adequado, passando a haver atrasos na entrega física de valores mobiliários. Assim, na segunda metade do século XX, verificou-se que a entrega física de valores mobiliários para liquidar operações de compra e venda, aliada ao aumento de emissões de valores mobiliários, levaram a um colapso do sistema de liquidação de operações com valores mobiliários denominado, em jargão de mercado, *Paper crunch*, pois a estrutura de liquidação com entrega física de valores mobiliários não conseguia acompanhar e processar os negócios realizados.

A liquidação dos negócios jurídicos com movimentação física de papéis, assim como os pagamentos correspondentes realizados por meio de cheques, fazia com que a liquidação ou pós-negociação fosse extremamente burocrática, trabalhosa, lenta e um foco latente de falhas e riscos operacionais (erros, atrasos, falsificações, perda e destruição de documentos) [11]. Nos Estados Unidos[12], o *Paper crunch* ocorreu na década de 70 devido ao incremento dos negócios locais[13] e ao crescimento dos negócios com *eurobonds* denominados em dólares dos Estados Unidos da América, que implicavam liquidação financeira em Nova Iorque por força da moeda norte-americana[14]. Já no Reino Unido, o *Paper crunch* ocorreu no início da década de

---

[11] Neste contexto, merecem destaque as palavras do Prof. Leães: "É particularmente irônico que a ideia da cártula, incorporadora de direito, que sempre foi saudada como a mais fecunda das contribuições propiciadas pelo instrumento jurídico à vida econômica moderna, passasse, na atualidade, a ser verberada como responsável por um processo perverso de 'papirização', que implicava a subversão de privilegiar o meio em detrimento da mensagem, abalando o mercado – a *securities industry*.". LEÃES, Luiz Gastão Paes de Barros. *Estudos e Pareceres sobre Sociedades Anônimas*. São Paulo: Revista dos Tribunais, 1989. p. 55.

[12] WALD, Arnoldo. O Regime jurídico das ações escriturais. Revista de Direito Mercantil nº 67 pag. 17 e LEÃES. *Estudos*, 1989, p. 55.

[13] Descrição detalhada do panorama norte americano e o *Paper crunch* pode ser encontrada em DONALD, David C. *The Rise and Effects of the Indirect Holding System - How Corporate America Ceded its Shareholders to Intermediaries*, September 26, 2007. Disponível em: <http://ssrn.com/abstract=1017206>. Acesso em: jan. 2012.

[14] Descrição detalhada pode ser encontrada no item 2.3 do capítulo 2 (pags. 20 a 23) de NORMAN. *Plumbers...*, 2007. A transcrição a seguir ilustra a situação: "(...) securities settlement was a low grade job in the New York of the 1960s. The back office was generally tucked away behind steel bars and known disparagingly as the 'cage'." Ainda, transcreve depoimento de um corretor londrino acerca do *back office* nova iorquino: "You have to remember that in those days, systems were all manual, with armies of low paid, incompetent and seemingly non-English speaking clerks in New York, shuffling huge mountains of paper around."

ASPETOS JURÍDICOS DA PÓS-NEGOCIAÇÃO DE AÇÕES

80 com o incremento dos negócios devido ao programa de privatizações de estatais conduzido pelo governo de Margareth Thatcher.[15] [16]

2. SISTEMAS ELETRÔNICOS DE LIQUIDAÇÃO E VALORES MOBILIÁRIOS ESCRITURAIS

A resposta para o *Paper crunch*, ou seja, a solução para os gargalos na liquidação dos negócios jurídicos com valores mobiliários consistia na automatização dos procedimentos e na adoção da liquidação por meio eletrônico. Esta conclusão foi fundamentada pelo relatório intitulado *Clearance and Settlement Systems in World's Securities Markets* elaborado pelo *The Group of Thirty*[17] e publicado em 1989 ("Relatório do G30")[18].

---

[15] Cf. BENJAMIN. *Interests in Securities*, 2000. pag. 20, item 1.68.

[16] Este panorama é descrito com precisão e clareza no seguinte texto, que vale a transcrição: "Historically, settlement involved the movement of pieces of paper. Bearer Securities were transferred by delivery of paper instruments; registered securities were transferred by the delivery of paper certificates and transfer forms, followed by registration; and payment was made by cheque. Paper-based settlement is risky, expensive, error-prone and slow. With raising transaction volumes, paper-based settlement was unable to keep pace with trading volumes. In the 1970s (in the US) and in the 1980s (in the UK), the securities markets experienced what has become known as 'the paper crunch', as backlogs of unsettled trades threatened the integrity of the securities markets. The answer to paper crunch was electronic settlement, involving a technique called book entry transfer. This involves the use of electronic settlement system, in which market participants (or their agents) maintain accounts which record these entitlements to securities and cash." BENJAMIN, Joanna; MONTAGU, Gerald; YATES, Madeleine. *The Law of Global Custody*. 2. ed. Londres: Butterworths, 2003. p. 141.

[17] Instituição criada em 1978 na cidade de Nova Iorque, sem fins lucrativos, composta por membros experientes do mundo acadêmico, setor privado e público, que funciona como um fórum de discussões e debates para assuntos relacionados com mercado financeiro internacional. Segue breve descrição obtida de sua página na rede mundial de computadores (Disponível em: <www.group30.org>.Acesso em: jan. 2012): "The Group of Thirty, established in 1978, is a private, non-profit, international body composed of very senior representatives of the private and public sectors and academia. It aims to deepen understanding of international economic and financial issues, to explore the international repercussions of decisions taken in the public and private sectors, and to examine the choices available to market practitioners and policymakers."

[18] É importante ressaltar que os problemas e riscos decorrentes do uso do papel na liquidação de operações com valores mobiliários ganharam notoriedade e escala mundial como *Paper crunch* e coube ao Relatório do G30 propor de modo sistematizado uma solução pela primeira vez, mas há registros anteriores de imobilização, cabendo a experiência inaugural à Alemanha que, em 1937, institui o primeiro depósito de títulos, ou seja, um caso de imobilização. Na

OS VALORES MOBILIÁRIOS ESCRITURAIS

O Relatório do G30 apresentou nove recomendações para o aprimoramento e eficiência da liquidação nos mercados de valores mobiliários[19]. O Relatório do G30, na terceira recomendação, deixou evidente a necessidade de que a liquidação fosse feita de modo eletrônico por meio de sistemas eletrônicos de liquidação de valores mobiliários, onde a liquidação ocorreria entre os participantes do referido sistema e de modo eletrônico. Operacionalmente, de modo simples e direto, ocorreria o seguinte: (i) os valores mobiliários seriam registrados como créditos em contas de ativos[20] de titularidade dos participantes no sistema de liquidação de valores mobiliários[21]; (ii) haveria, também, contas correntes para registro da "perna" financeira das operações; (iii) havendo um negócio envolvendo valores mobiliários, o participante vendedor instruiria o sistema de liquidação para que debitasse sua conta de ativos e creditasse os correspondentes valores mobiliários na conta de ativos do participante vendedor; (iv) de modo correspondente, haveria o crédito na conta corrente referente ao pagamento para o vendedor e o débito financeiro na conta corrente do comprador[22].

A importância da liquidação eletrônica por meio de um sistema de liquidação de valores mobiliários reside nos seguintes benefícios: (i) rapidez; (ii) ausência do uso de papel e de procedimentos burocráticos baseado no trânsito de documentos; e (iii) possibilitar a sincronização entre entrega[23]

---

sequência, em 1941, a França inovou ao obrigar o depósito obrigatório de ações ao portador na *Caisse Centrale de Dépôt et Virements des Titres* (em 1949 foi criada a SICOVAM e o depósito passou a ser facultativo).

[19] As recomendações versavam sobre: comparação de negócios; confirmação de negócios; depositários centrais; compensação de negócios (*trade netting*); entrega contra pagamento (*Delivery versus Payment* – DVP); pagamentos; postergação de liquidação e redução de intervalos de liquidação; empréstimo de ativos; e sistema de numeração de ativos. Detalhes no item 1.68 de BENJAMIN. *Interests in Securities*, 2000. p. 20.

[20] Haveria um lançamento escritural, um lançamento a crédito em conta do participante. Na terminologia em língua inglesa: *book entry*.

[21] A conta de ativos segue a lógica de funcionamento da conta corrente bancária. Há saldo, que consiste em quantidade individualizada de valores mobiliários escriturais nela registrados e, sobre o saldo, recaem os lançamentos a crédito ou débito. A diferença para o funcionamento de uma conta corrente bancária se dá pelo objeto: numa dinheiro noutra valores mobiliários escriturais.

[22] Estas instruções podem ser dadas, dependendo do caso, pelos participantes diretamente ou pela instituição responsável pela atividade de *clearing* ou, diretamente, pela administradora do ambiente de negociação, conforme será explorado adiante.

[23] O termo "entrega" é usado de forma corrente, assim como a sigla DVP, onde D refere-se a *delivery* que é "entrega" em idioma inglês, mas, na verdade, na liquidação eletrônica, efeti-

dos valores mobiliários com o correspondente pagamento (Entrega contra Pagamento ou *Delivery versus Payment* – DVP[24]). De forma objetiva, estes benefícios mitigam os riscos que ameaçavam a estrutura de liquidação de operações com valores mobiliários, acima referidos, descortinadas com o *Paper crunch.*

Vale ressaltar que o Relatório G30 foi o primeiro degrau na evolução da liquidação eletrônica. Muito se aprimorou depois em decorrência da evolução da negociação eletrônica, das pressões comerciais e desenvolvimentos tecnológicos. A razão disso foi o surgimento de uma demanda urgente por constante atualização, eficiência e rapidez, que fez com que a indústria da liquidação das operações superasse as recomendações do *The Group of Thirty* e, principalmente, que se mantenha em constante atualização.

A liquidação eletrônica dos negócios jurídicos com valores mobiliários, por meio de sistema de liquidação de valores mobiliários[25], requer a adoção da imobilização ou da desmaterialização dos valores mobiliários, sendo estas as alternativas para se afastar o uso de papel e criar os registros escriturais que são as premissas da liquidação eletrônica.[26]

---

vamente, não existe entrega, pois o valor mobiliário não existe fisicamente ou, se existe, está imobilizado, logo, com precisão terminológica, o correto seria "atribuição de titularidade". Por ser um bem imaterial, impossível de posse, não há como se proceder à entrega. Usa-se também o termo transferência. Ainda que mais adequado que entrega, ainda é impreciso, pois não se transfere um registro ou inscrição em conta. O que, há efetivamente, é um novo lançamento, assim há um lançamento contrário que anula um registro (no caso débito na conta do vendedor, por exemplo) e outro registro de natureza oposta (o crédito na conta do comprador, por exemplo).

[24] Para detalhes e aprofundamento em DVP ou Entrega contra Pagamento, vide BANCO DAS COMPENSAÇÕES INTERNACIONAIS (BIS). *Delivery versus Payment in Securities Settlement Systems.* set. de 1992. Disponível em: <http://www.bis.org/publ/cpss06.pdf> e em <http://www.bcb.gov.br/htms/spb/Dvp-Port.pdf>. Acesso em: dez. 2011.

[25] Denominados em inglês *Securities Settlement Systems* ("SSS").

[26] Considerando tanto o mercado financeiro quanto o mercado de capitais, temos exemplos onde a desmaterialização é factível e alcançou sucesso, sendo os valores mobiliários um exemplo de desmaterialização que vingou com sucesso. Por outro lado, no caso dos cheques, a desmaterialização não atende às necessidades e nem é viável. Assim, os cheques vem sendo substituídos por outros meios de pagamento eletrônicos que se adequam à realidade eletrônica e correspondem aos anseios de praticidade, rapidez e, sobretudo, segurança da sociedade atual, como os cartões de crédito e débito.

OS VALORES MOBILIÁRIOS ESCRITURAIS

3. IMOBILIZAÇÃO E DESMATERIALIZAÇÃO DE VALORES MOBILIÁRIOS

A imobilização consiste na guarda de valores mobiliários na forma de títulos ao portador ou representados por certificados em instituições denominadas depositários centrais[27]. O objetivo é que, com a guarda, tais valores mobiliários fiquem 'imóveis' (imobilizados no depositário central), de forma que não sejam removidos, entregues e nem circulem fisicamente[28] por força de liquidação de operações das quais sejam objeto ou para efeito de transferência de propriedade[29]. Uma vez que os valores mobiliários sejam entregues para o depositário central e considerando o fim a que se destina a imobilização e a atividade que se propõe a exercer, o depositário central não passa a ser proprietário dos valores mobiliários, apenas a detê-los em nome ou em benefício dos participantes do sistema de liquidação de valores mobiliários ou do próprio administrador do sistema de

---

[27] Na literatura técnica e acadêmica, assim como diplomas legais – art. 41 da Lei 6.404/76 - encontramos também outros termos como "instituição depositária", "central depositária", "depositária" ou *Central Securities Depository* – "CSD". Entretanto, optamos, ao menos no texto principal, por utilizar a nomenclatura prevista na Lei nº 12.810, de 15 de maio de 2013 ("Lei 12.810/13"), cujo artigo 23 dispõe que: "O depósito centralizado, realizado por entidades qualificadas como **depositários centrais**, compreende a guarda centralizada de ativos financeiros e valores mobiliários, fungíveis e infungíveis, o controle de sua titularidade efetiva e o tratamento de seus eventos." (grifo nosso). Além disso, a CVM no Edital de Audiência Pública SDM nº 06/2013 onde, entre outros, submete à discussão proposta de minuta para regular os depositários centrais, usando linguagem alinhada com a Lei 12.810/13. Entretanto, vale ressaltar, que não há prejuízo se for empregado os termos sinônimos referido no início da presente nota.

[28] A imobilização também é chamada de desmaterialização da circulação, pois existe o valor mobiliário físico, mas este deixa de circular. FERREIRA, Amadeu José. *Valores Mobiliários Escriturais: Um novo modo de representação e circulação de direitos.* Coimbra: Almedina, 1997. p. 73.

[29] Com a imobilização e criação das contas de ativos, as futuras transferências seriam feitas mediante débitos e créditos nas contas de ativos para registros escriturais junto ao sistema de liquidação de valores mobiliários, ou seja, os valores mobiliários ao portador não deixariam mais os cofres do depositário central, mas continuariam a ser negociados, sendo seu titular o último a receber um crédito ou, dito de outra forma, aquele que recebesse o crédito mais recente dos valores mobiliários escriturais criados em decorrência da imobilização de títulos ao portador. O raciocínio para os valores mobiliários nominativos é o mesmo, no registro ou livro pertinente figura o depositário central ou quem este indicar, sem necessidade de averbar a cada transferência, pois a identificação do titular se dá com os registros escriturais do sistema de liquidação de valores mobiliários.

liquidação de valores mobiliários, que são aqueles que efetivamente possuem, por si ou por seus clientes, interesse econômico nos valores mobiliários imobilizados.

Os direitos e interesses dos participantes do sistema de liquidação de valores mobiliários sobre os valores mobiliários imobilizados no depositário central são assegurados de diferentes formas, variando com o a ordenação jurídica relevante envolvida, podendo-se falar em depósito, *trust*[30] ou arranjos legislativos específicos para salvaguardar os interesses dos participantes[31] e evitar que sejam considerados como propriedade do depositário central ou do sistema de liquidação de valores mobiliários e, assim, exemplificativamente, possam ser alcançados por seus credores em caso de liquidação ou falência, resultando na expropriação de bem cujo verdadeiro beneficiário e titular do interesse econômico é um terceiro.

Efetuada a imobilização, o sistema de liquidação de valores mobiliários, por seu turno, irá criar contas de ativo com registros escriturais correspondentes aos valores mobiliários que os participantes detêm e, deste momento em diante, as transferências de titularidade dos valores mobiliários ocorrerão por meio de débitos e créditos nas contas de ativos dos participantes do sistema de liquidação de valores mobiliários sem que haja

---

[30] "A noção de *trust*, desconhecida dos direitos romano-germânicos, é uma noção fundamental do direito inglês e a criação mais importante da *equity*. O *trust* apoia-se, de forma geral, sobre o seguinte esquema: uma pessoa, o constituinte do *trust* (*settlor of the trust*), determina que certos bens serão administrados por um ou vários *trustees*, no interesse de uma ou várias pessoas, os *cestuis que trust* (...) o direito das sociedades também recorre ao *trust*, que é do mesmo modo frequentemente utilizado para as operações internacionais (euro-emissão, eurocréditos, contratos petrolíferos, etc.) (...) O *trust* surge como um desmembramento da propriedade, pertencendo certos atributos da propriedade (*legal ownership*) ao *trustee*, e outros atributos da propriedade (*equitable ownership*) ao *cestui que trust*." DAVID, René. *Os Grandes Sistemas do Direito Contemporâneo*. 4. ed. São Paulo: Martins Fontes, 2002. p. 397 a 400.

[31] Como exemplo do uso do instituto do depósito, podemos citar Alemanha e Áustria. Já o *trust* é instituto jurídico do direito anglo-saxão, sendo usado no Reino Unido, assegurando a propriedade dos ativos imobilizados para os participantes, apesar da existência de sistema de liquidação de valores mobiliários, que atua como *trustee* (proprietário legal) e os participantes como *beneficial owner* (proprietário por equidade). Com relação a arranjos legislativos, merecem destaque as legislações específicas da Bélgica para proteger os participantes da Euroclear (Decreto Real Belga nº 62 de 10/11/67) e de Luxemburgo para proteger os participantes da Clearstream (Decreto Grão-Ducal de Luxemburgo de Fevereiro de 1971). Os Estados Unidos se valiam do *trust*, mas após a alteração do *Uniform Commercial Code* realizada em 1994 adotaram, também, uma solução legislativa específica com a criação de *securities entitlement*.

OS VALORES MOBILIÁRIOS ESCRITURAIS

qualquer movimento de papel[32] ou documento no depositário central e, por óbvio, nem no sistema de liquidação de valores mobiliários[33].

Em se tratando de valores mobiliários nominativos representados por certificados, haverá a imobilização dos certificados e a inscrição no livro ou registro pertinente será feita em nome do depositário central ou de quem este indicar para tal fim (*nominee*). Após o registro dos valores mobiliários em nome do depositário central, o sistema de liquidação de valores mobiliários criará as contas de ativos em nome dos participantes para possibilitar a liquidação eletrônica, que ocorrerá da mesma forma que ocorre com os títulos ao portador, sem necessidade de assinatura de termos de transferência e reemissão de certificados.

Com relação à desmaterialização, esta consiste na existência unicamente escritural de valores mobiliários. Ou seja, os valores mobiliários não experimentam a materialização, existência corpórea ou tangível[34]. Desde a sua emissão, são registros escriturais[35] e seu titular é aquele em cujo nome se encontram registrados. O registro escritural é, aqui, fonte de domínio e de direito real.

No caso de valores mobiliários nominativos, a desmaterialização implica a extinção do certificado e dos documentos acessórios para transferência, como os formulários de transferência. Trata-se de uma alteração meramente procedimental, já que os títulos nominativos já tinham uma natureza intangível, pois a raiz da propriedade é o registro e não a detenção do certificado (tanto que a perda do certificado não afetava o *status* de acionista, se o nome do acionista figurar no livro de registro da emissora).

---

[32] Neste sentido são elucidativas as palavras de Amadeu José Ferreira: "Os papéis apenas perderam a sua função de suporte físico da circulação de direitos, mas não a função de suporte jurídico dessa mesma circulação." FERREIRA, A. *Valores...*, 1997, p. 343.

[33] A prática de imobilização de títulos e valores mobiliários evoluiu para o depósito centralizado coletivo que, por sua vez, evolui para a emissão de títulos globais, onde há a emissão de um só documento que é entregue para o depositário central e representa a totalidade da emissão, mas o sistema de liquidação de valores mobiliários cria registros nas contas dos diversos participantes. Há um só título representando toda a emissão e os direitos de diversos participantes/investidores. Por fim, o estágio seguinte é a efetiva desmaterialização.

[34] Para aqueles que chamam a imobilização de desmaterialização da circulação, a desmaterialização referida no parágrafo ao qual esta nota faz referência é chamada de desmaterialização total. Cf. FERREIRA, A. *Valores...*, 1997, p. 73.

[35] Trata-se de nova forma de representação, que substitui a incorporação em um documento ou título.

Entretanto, a desmaterialização de um valor mobiliário ao portador significa uma mudança em sua natureza: transformando-se de um bem corpóreo, logo tangível, para um bem intangível.

Independente de se tratar de imobilização ou desmaterialização, a transferência entre contas tornou-se o meio de circulação dos valores mobiliários e o regime jurídico dos valores escriturais prevalece sobre aquele aplicável aos títulos ao portador ou valores mobiliários com existência física, caso estejam imobilizados. Portanto, no caso de valores mobiliários imobilizados, enquanto estes estiverem nos cofres do depositário central e sua circulação se der pelos lançamentos a débito e crédito em conta, o regime de valores mobiliários escriturais é o aplicável, como se houvesse ocorrido desmaterialização. A desmaterialização não é, necessariamente, uma consequência ou resultado da imobilização, tratam-se, na verdade, de alternativas para possibilitar a circulação de valores mobiliários através de registros escriturais.

4. VALORES MOBILIÁRIOS ESCRITURAIS: COMPLEXIDADE E QUESTÕES DE PROPRIEDADE

Se, de um lado, a imobilização e a desmaterialização, por possibilitarem a liquidação eletrônica, permitem maior eficiência na circulação dos valores mobiliários escriturais sem prejuízo da segurança jurídica, por outro lado, tais soluções trouxeram mais complexidade para as operações e criaram novos riscos.

Com relação à complexidade, a imobilização e desmaterialização, por sua estrutura, requerem a existência de outras figuras além do investidor e emissor. Esta necessidade de contar com a participação dos chamados "intermediários" é consequência da utilização dos sistemas de liquidação de valores mobiliários. Como não é possível a todos os investidores acessarem diretamente os sistemas de liquidação de valores mobiliários e nem os depositários centrais, faz-se necessária a existência de intermediários para que o sistema funcione e fazendo o elo entre investidor e emissor, ou seja, cria-se uma cadeia de intermediários que se relacionam em sequencia. Por cadeia de intermediação ou de intermediários, no contexto em questão, entende-se a existência de instituições financeiras ou prestadores de serviços exercendo atividades reguladas no mercado de capitais[36]

---

[36] No Brasil, os intermediários seriam as instituições financeiras integrantes do sistema de distribuição de valores mobiliários previsto no artigo 15 da Lei 6.385/76.

OS VALORES MOBILIÁRIOS ESCRITURAIS

que se interpõem entre o emissor de determinado valor mobiliário e o investidor, com o intuito de viabilizar a liquidação eletrônica de valores mobiliários escriturais.

A interposição de intermediários (membros de depositário central e participantes de sistema de liquidação de valores mobiliários) e a agilidade e segurança propiciados pela liquidação eletrônica e pelos lançamentos escriturais tiveram um papel fundamental no desenvolvimento da internacionalização das operações com valores mobiliários, por favorecerem as operações transfronteiriças num mundo de realidade econômica globalizada[37]. A criação de cadeia de intermediação, muitas vezes complexa, facilitou a penetração de instituições e investidores estrangeiros, seja de modo direito ou indireto, em outros mercados.

O fato da liquidação das operações ser eletrônica e operacionalizada por meio de lançamentos escriturais e a presença global dos conglomerados financeiros abriram portas para investidores estrangeiros nos diferentes países. Entretanto, como dissemos, esta realidade trouxe novos riscos[38], emergindo o risco associado aos diferentes efeitos jurídicos dos lançamentos a crédito e a débito nas contas de registros escriturais de valores mobiliários, já que a grande maioria dos valores mobiliários, seja em escala doméstica ou transfronteiriça, circula por meio de lançamento a débito e a crédito (forma escritural) e os efeitos de tais lançamentos ainda não estão uniformes e variam de um país para outro. O problema que se coloca gravita no crédito de valores mobiliários escriturais em contas de ativos, porque a natureza jurídica dos direitos dos titulares da conta de ativos varia entre as ordenações jurídicas. Os diferentes tratamentos dados à natureza jurídica dos direitos representados por registros escriturais constituem um ele-

---

[37] Nas palavras de Paulo Câmara: "a representação corpórea dos valores mobiliários passou a funcionar igualmente como um impedimento à transmissão internacional de valores mobiliários – o que, numa era da globalização dos mercados, constitui uma exigência da actualidade –". CÂMARA, Paulo. *Manual de Direito dos Valores Mobiliários*. Coimbra: Almedina, 2009. p. 184.

[38] São precisas as palavras de Luc Thévenoz: "The immobilisation and dematerialisation of securities have added another layer of complexity and heterogeneity of domestic legal doctrines and rules. In this time of rapid globalisation, where the national boundaries of capital markets are losing significance and where international investments have created enormous cross-border securities holdings, the disparity among national laws and the untested resilience of many such laws have lead to the emergence of new risks." THÉVENOZ. *Intermediated...*, 2008. p.4.

ASPETOS JURÍDICOS DA PÓS-NEGOCIAÇÃO DE AÇÕES

mento que pode trazer risco legal e insegurança jurídica, sobretudo, com o aumento das operações transfronteiriças no mundo globalizado atual[39].

A titularidade de valores mobiliários escriturais pode, dependendo do país e de sua ordenação jurídica, pode ser considerada propriedade direita ou um direito contra um intermediário (direito oponível contra um integrante da cadeia de intermediação com o qual se mantem relacionamento).

O regime de propriedade direta é comumente encontrado em países de tradição romano-germânica e se assenta na noção de que o depósito do valor mobiliário em um intermediário não quebra ou afasta o direito de propriedade que o investidor tem sobre o valor mobiliário e, assim, não afasta o investidor de exigir seus direitos frente ao emissor. Os intermediários não adquirem domínio pleno sobre os valores mobiliários. Na verdade, podem ter apenas a posse ou propriedade limitada de natureza fiduciária, conforme as normas jurídicas regentes. Neste regime, os intermediários são meros instrumentos para o investidor poder exercer seu direito de propriedade sobre valores mobiliários. A imobilização e desmaterialização não alteram a relação societária e/ou contratual entre investidor e emissor de valor mobiliário (*i.e.* o investidor continua acionista da companhia emissora).

Mesmo que haja a formação de conjunto de valores mobiliários idênticos de diversos investidores ou um depósito coletivo, ainda se cuida da propriedade direta, porque a identidade do investidor proprietário permanece preservada. Em outras palavras, em caso de fungibilização, o investidor continua proprietário, mas ao invés de ser de valor mobiliário específico e individualizado, é proprietário de uma parte ou fração do total detido pelo intermediário (proprietário de parcela *pro rata* dos valores mobiliários que se encontram no intermediário). De qualquer forma, os valores mobiliários não se confundem com o patrimônio do intermediário e tal segre-

---

[39] Novamente, merecem destaque as palavras de Luc Thévenoz: "Over the past few years, stakeholders in the financial markets have become ever more concerned about the operational and systemic risks involved in the clearing and settlement of securities transactions. Numerous reports issued by industry groups, political authorities, regulators, and international organisations have highlighted the large spectrum of issues involved. Significant among them is the legal risk associated with the domestic and cross-border transfer of investment securities, which are either immobilised with a custodian (often a central securities depository) or fully dematerialised. While nowadays securities almost universally circulate by way of book-entries in securities accounts, the legal effects of such entries still vary significantly across jurisdictions." THÉVENOZ. *Intermediated...*, 2008. p.4.

gação afasta o risco de, em caso de insolvência do intermediário, serem alcançados pelos credores do intermediário.

A nota distintiva da propriedade direta é o fato do investidor ser o proprietário do valor mobiliário depositado em conta de ativos junto ao(s) intermediário(s), sejam ou não agrupados em deposito coletivo. Logo, frisando o já mencionado, os investidores tem relacionamento direto com o emissor, mesmo que dependam de um ou mais intermediário para exercer seus direitos frente ao emissor. Estando presente este elemento caracterizador da propriedade direta, cada ordenação jurídica apresenta suas nuances e podem estar baseadas em propriedade de bem móvel ou de bem intangível, mas o proprietário é sempre o investidor.

São exemplos de países em cujas ordens jurídicas há propriedade direta: Brasil, China, França, Alemanha, Itália, Japão, Espanha e Suíça[40]. Em tais países, como já dito anteriormente, a imobilização ou desmaterialização dos valores mobiliários não afeta a natureza do relacionamento entre o investidor e o emissor: o investidor continua sendo credor ou acionista do emissor e o intermediário é utilizado para exercício de direitos como, por exemplo, recebimento de proventos, voto em assembleias, enfim, atuando como representante dos investidores perante os emissores.

De modo oposto, há países onde, segundo suas regras e institutos jurídicos, os intermediários adquirem propriedade sobre os valores mobiliários que recebem para guarda. Logo, em tais locais, a entrega para guarda de valores mobiliários faz com que o intermediário passe ser proprietário do valor mobiliário, deixando, assim, de existir vínculo entre o investidor e o emissor. Neste contexto, e de modo diverso da propriedade direta, o relacionamento com o emissor existe apenas para o intermediário em cujo nome os valores mobiliários estão registrados[41]. Como países cujas regras jurídicas levam a essa situação, onde a propriedade direta cede espaço a direito contra um intermediário, temos o Reino Unido e Estados Unidos.

---

[40] Thévenoz. *Intermediated...*, 2008. p.22.

[41] No caso de uma cadeia com vários intermediários, o relacionamento com o emissor existe apenas para o intermediário situado no primeiro nível logo após o emissor. O investidor final se situa no fim da cadeia e se relaciona com o último intermediário – aquele mais distante do emissor – do qual o investidor é cliente. Desta forma, o investidor final possui interesse econômico sobre o valor mobiliário, mas não é, por exemplo, o acionista ou debenturista pois não consta dos livros e/ou registros do emissor.

Assim, em comparação à propriedade direta, na situação de direitos sobre valores mobiliários em uma cadeia de intermediários, no cenário de direito inglês e norte-americano, a situação é oposta: o investidor deixa de ter qualquer vínculo com o emissor e a propriedade sobre os valores mobiliários passa a ser do intermediário. Portanto, quem figura como proprietário é o intermediário no primeiro nível após o emissor, aquele que se relaciona com emissor. O investidor final, que figura na ponta da cadeia de intermediários não é acionista ou debenturista, por exemplo, apenas detém direitos sobre os valores mobiliários que podem ser exercidos contra o intermediário do qual são clientes[42].

Apesar do Reino Unido e Estados Unidos serem países de sistema jurídico da *common law*, a caracterização jurídica do direito do investidor é distinta, mas ambos resguardam a segregação patrimonial, afastando os credores do intermediário em caso de sua insolvência.

Na Inglaterra, os direitos do investidor final são assegurados por uma sequência de *trusts*, ou seja, o primeiro intermediário, no topo da pirâmide, é o *trustee* de seus clientes (titulares de contas de ativos para registro de valores mobiliários mantidas no referido intermediário) que são beneficiários do *trust* e assim sucessivamente (estes beneficiários do *trust* cujo *trustee* é o primeiro intermediário, passam a ser *trustee* e os beneficiários seus clientes) até que o investidor final tem seus direitos resguardados e é beneficiário final de um *trust*.

Já os Estados Unidos optou por outra forma, afastando-se do *trust* e de estruturas jurídicas puramente da *common law*. Os Estados Unidos criaram, pela alteração do artigo 8º do *Uniform Commercial Code*, realizada em 1994, a figura do *securities entitlement*[43]. Desta forma:

---

[42] Trata-se de um direito sobre valores mobiliários de natureza não real e exigível da instituição que mantem a conta de ativos (intermediário) onde houve o crédito de tais direitos, que não se confundem como valor mobiliário escritural. Este tema é exposto com precisão e maestria por Joanna Benjamin ao conceituar e diferenciar *securities* de *interests in securities*. BENJAMIN. *Interests in Securities*, 2000.

[43] "The concept of a 'security entitlement' allows transactions to take place at all levels of the indirect holding system: under Article 8 a clearing participant would have security entitlements for the contents of its account with DTC, a broker using the participant as a depository would have security entitlements for the contents of its account, and a retail investor would have security entitlements for the contents of her account with the broker. The 'security entitlement' construct is a fascinating exercise in legislative fiat because it has almost exclusively the characteristics of an *in personem* contract right, but by express legislative dictate is given

OS VALORES MOBILIÁRIOS ESCRITURAIS

"O intermediário que efetuar crédito, em uma conta de ativos, de valores mobiliários com base em contrato que preveja que tratará o titular da conta 'como titular de exercer direitos sobre os valores mobiliários' cria um *securities entitlement*. O 'titular desse *entitlement*' tem um direito de natureza patrimonial *pro rata* sobre os bens detidos pelo intermediário, que pode ser oponível em caso de insolvência do intermediário. O exercício de direitos referentes aos valores mobiliários só podem ser exercidos exclusivamente por meio do intermediário."[44]

Apesar das diferenças de caracterização no direito inglês e norte-americano acima expostas, podemos afirmar que, em comum, há o fato que em cada nível de uma mesma cadeia de intermediação, cada intermediário detém direito patrimonial sobre valores mobiliários em benefício daqueles

the status of a property right. An 'entitlement holder' may take action against a third party who has unjustly received the holder's security entitlement only if:
1. the securities intermediary holding the account has entered insolvency proceedings;
2. it doesn't have sufficient interests in the relevant asset to satisfy all its outstanding security entitlements
3. because it violated a duty under § 8-504 UCC to maintain such amounts;
4. the transferee of the security entitlement did not give value for or obtain control of the entitlement, or acted in collusion with the securities intermediary; and
5. the trustee or liquidator fails to take action to recover the asset.
This right, which is exercisable only against the intermediary except in the extremely unlikely event of the above conditions being met, has been designated as a 'property' right because a prime interest of securities settlement is to insure that the beneficial owner can recover deposited securities in the event that the intermediary becomes insolvent, and a property interest is the surest route to that end. It says much about the pragmatic flexibility of the United States that while other countries have debated for decades about whether this type of relationship can pursuant to healthy doctrine be placed under the legal category of "property", the UCC accomplished the desired end by simple legislative dictate without any real concern for logical consistency." DONALD, David C. *The Rise and Effects of the Indirect Holding System - How Corporate America Ceded its Shareholders to Intermediaries*, September 26, 2007. Disponível em: <http://ssrn.com/abstract=1017206>. Acesso em: jan. 2012.
[44] Tradução livre do autor de: "A securities intermediary which credits a securities account with a financial asset under the agreement that it will treat the account holder 'as entitled to exercise the rights that comprise the financial asset' creates a 'securities entitlement'. The 'entitlement holder' has a pro rata property interest in the financial assets held by the intermediary, which can be enforced in the intermediary's insolvency. He exercises his rights in respect of the financial asset exclusively through the intermediary." In THÉVENOZ. *Intermediated...*, 2008. p. 25.

para quem mantem as contas de ativos e a estes titulares de conta é atribuído um direito patrimonial diverso daquele do intermediário.

5. AS AÇÕES NOMINATIVAS ESCRITURAIS NO DIREITO BRASILEIRO

Na ordenação jurídica pátria, consta previsão de desmaterialização de ações de emissão de sociedades anônimas no artigo 34 da Lei nº 6.404, de 15 de dezembro de 1976 ("Lei 6.404/76"), sendo tal previsão reputada como pioneira no mundo[45] e responsável por influenciar a introdução das ações escriturais em Portugal[46].

A desmaterialização das ações consolidou-se com o advento da Lei nº 8.021, de 12 de abril de 1990 ("Lei 8.021/90") que extinguiu, por meio de alteração à Lei 6.404/76 consistente na revogação de seus artigos 32 e 33, as ações ao portador e endossáveis, deixando apenas as ações nominativas em existência. A Lei 8.021/90, promulgada por força do Plano Collor 1, visava, entre outros, a identificação dos contribuintes para fins fiscais; para tanto, revogou o anonimato, então existente, para qualquer investimento. Desta forma, ao vedar emissão de títulos ou captação de recursos sob a forma ao portador ou nominativa e endossável e expressamente revogar os artigos 32 (previa a existência de ações endossáveis) e 33 (referente a ações ao portador) da Lei 6.404/76, estabeleceu a obrigatoriedade das ações das sociedades anônimas serem nominativas[47].

---

[45] Vide FERREIRA, A. *Valores...*, 1997, p. 92.
Ressaltamos que os franceses chamam para si este pioneirismo, talvez por desconhecerem as disposições de nossa lei societária. Na verdade, a diferença entre nossa ordenação e a francesa reside **no fato que aqui as ações escriturais, desde 1976, constituem-se numa opção; já na França, em 1984, foi efetivada uma desmaterialização compulsória** por força da *Loi de Finances* de 31.12.81. Sobre o assunto: "Le 3 novembre 1984, la France était le premier pays au monde à dématérialiser ses titres. Les valeurs mobilières perdait leur existence physique et sont, désormais, enregistrées en Euroclear France, garant de l'étanchéité du système." KARYOTIS, Catherine. *Mondialisation des marchés et circulation des titres*. Paris: Revue Banque Edition, 2005. p. 118.
[46] PENTEADO, Mauro Rodrigues. Disciplina legal das ações escriturais em Portugal. *Revista de Direito Mercantil, Industrial, Econômico e Financeiro*, v. 29, n. 79, jan./mar. 1990. pag. 115.
[47] Vide FRONTINI, Paulo Salvador. Títulos de Crédito Circulatórios: que futuro a informática lhes reserva?. *Revista dos Tribunais*, v. 85, n. 730, p. 50-67, ago. 1996. Merece menção o fato que a Lei 8.021 teve impacto também no art. 43 da Lei 6.404, que dispõe sobre Certificado de Deposito de Ações, já que este, em princípio, referia-se a ações endossáveis ou ao portador.

OS VALORES MOBILIÁRIOS ESCRITURAIS

Arnoldo Wald traz uma definição de ação escritural que merece ser replicada:

> "pode-se definir ação escritural como um valor patrimonial incorpóreo que outorga ao seu titular os direitos e obrigações inerentes à qualidade de acionista e cuja transferência processa-se escrituralmente, mediante assentamentos próprios nas instituições encarregadas de sua administração e depósito." [48]

As ações escriturais, segundo o regime previsto na Lei 6.404/76, são aquelas cuja emissão, registro, que gera a presunção *iuris tantum* [49] de propriedade, e transferência ocorrem por meio de registros escriturais, sem que haja emissão física de cártula, título ou certificado. A disposição contida na Lei 6.404/76 combina, parafraseando sua Exposição de Motivos, a segurança das ações nominativas com a facilidade de circulação propiciada pela transferência mediante ordem à instituição financeira e mero registro escritural sem os custos de emissão de certificados. Desta sorte, nas palavras precisas do Prof. Fábio Comparato "o título incorporador dos direitos acionários é a chamada conta de depósito, aberta nos livros da instituição financeira dita depositária, conta essa que, como é obvio, não constitui um

---

Houve quem defendesse sua revogação, como o autor da obra citada nesta nota. Entretanto, o que se viu é que o artigo 43 não foi revogado e, sim, adaptado à exigência de identificação, ou seja, os certificados devem ser nominativos e podem ser escriturais, conforme redação atual do art. 43 da Lei 6.404 dada pela Lei 9.457 de 05 de maio de 1997.

[48] WALD, Arnoldo. O Regime jurídico das ações escriturais. Revista de Direito Mercantil nº 67 pag. 19 parágrafo 11.

[49] O caráter constitutivo do registro escritural para aquisição do estado de sócio e titular das ações se coaduna com a presunção relativa verificada no registro em nome do acionista das ações nominativas, já que o certificado não legitima o exercício dos direitos inerentes à ação. Desta forma, o regime das ações escriturais segue o regime já conhecido de nossa ordenação para as ações nominativas (teoria contratual). Nem poderia ser diverso, já que a ação escritural é uma forma de ação nominativa, conforme ensinam Modesto Carvalhosa e Leães (vide LEÃES. *Estudos...*, 1989, p. 61). Também neste sentido, são claras as palavras do Professor Fábio Comparato: "As ações nominativas integralizadas conferem ao seu titular todos os direitos societários, ainda que não emitido o certificado correspondente, pois a legitimação para o exercício desses direitos decorre, exclusivamente, da inscrição do título no livro de registro competente." COMPARATO, Fábio Konder. *Novos Ensaios e Pareceres de Direito Empresarial*. Rio de Janeiro: Forense, 1981, p. 17.

ASPETOS JURÍDICOS DA PÓS-NEGOCIAÇÃO DE AÇÕES

documento circulante." [50] Seguindo tendência verificada na legislação de outros países[51], a lei brasileira faculta às companhias emissoras que suas ações sejam escriturais: a lei não impõe a ação escritural, ainda, que na prática, seja largamente utilizada e dominante. A justificativa, independente do país ou ordenação jurídica, é sempre facilitar a circulação das ações. Entre nós, as ações escriturais, surgidas com a Lei 6.404/76, não vieram inseridas na tentativa de criação de um sistema centralizado de registro, depósito coletivo ou de negociação de valores mobiliários. A tônica foi, pura e simplesmente, facultar às companhias emissoras esta forma para escrituração de ações sem uso de certificados[52].

A Lei 6.404/76 determina que a companhia emissora pode optar pelas ações escriturais e, para tanto, será necessário que a companhia contrate uma instituição financeira autorizada pela CVM a prestar o serviço de ações escriturais [53]. Esta situação implica dissociação obrigatória entre a companhia emissora e o responsável pelo registro das ações escriturais, com incremento de complexidade nos serviços referentes às ações, como, por exemplo, pagamento de proventos, que atingem os acionistas. Em razão disso, a Lei 6.404/76 criou regras para reger a responsabilidade nos ser-

[50] COMPARATO, Fábio Konder. *Direito Empresarial: Estudos e Pareceres*. São Paulo, Saraiva, 1990. p. 355.

[51] Por exemplo: França, Alemanha e Itália. vide WALD. *O Regime...*, 1987. p. 18.

[52] De modo diverso, talvez por ocorrer mais tarde que no Brasil, em Portugal, as ações escriturais já foram introduzidas na ordenação jurídica com vista a aprimorar a liquidação do mercado bursátil, ou seja, o objetivo era prever a desmaterialização das ações para o desenvolvimento do mercado, após já ter sido criado um estágio anterior de imobilização de ações por meio de depósito irregular como bens fungíveis. Esta posição fica clara no item 2 da Exposição de motivos do Decreto-lei português 229-D/88 de 04 de julho que introduziu as ações escriturais na ordenação jurídica de Portugal e, hoje, reguladas pelo Código de Valores Mobiliários de 1999: "Na verdade, são bem conhecidas as dificuldades causadas ao funcionamento do mercado de capitais, especialmente nos períodos de expansão, pelo facto de as ações serem incorporadas em documentos, que, em cada alienação, sofrem sucessivas transmissões físicas: do alienante para o seu corretor, deste para o corretor incumbido da aquisição, e deste para o adquirente; no caso de ações nominativas, acrescem ainda entrega a sociedade emitente (a fim de ser lavrado o registro de transmissão) e a devolução por esta. Mesmo em bolsas pequenas, como as nossas, em que são movimentadas diariamente algumas escassas centenas de milhares de títulos, as necessidade de circulação material destes dificulta a fluidez das operações provoca atrasos na liquidação delas, já tendo exigido a suspensão das sessões para permitir escoar os papéis que se foram acumulando." Cf. PENTEADO. *Disciplina...*, 1990. p. 115.

[53] Tais instituições são, normalmente, chamadas pelos profissionais de Banco Escriturador, Agente Escriturador ou Instituição Escrituradora.

viços de ações escriturais, tendo como princípio básico que a companhia emissora é responsável pelas perdas e danos causados aos interessados pelos erros ou irregularidades no serviço de ações escriturais; esta disposição legal, contida no parágrafo 3º do artigo 34 da Lei 6.404/76, baseia-se no fato de que cabe à companhia emissora a escolha da instituição financeira prestadora de serviço de ações escriturais e esta escolha, repita-se, feita pela companhia, afeta os acionistas[54]. Ainda na Lei 6.404/76, há o artigo 103 que determina, no caso das ações escriturais, que a instituição financeira responsável pela prestação de tal serviço deve verificar a regularidade das transferências e a constituição de direitos ou ônus sobre as ações escriturais. Vale ressaltar que o disposto no artigo 103 refere-se ao dever da instituição financeira de verificar a regularidade do ato, fato ou negócio jurídico que justifica ou embasa o pedido de registro que lhe é apresentado, ou seja, um ato, fato ou negócio entre acionista e terceiro, que, por exigência da lei, é levado a registro no responsável pela escrituração e, uma vez que não haja irregularidade detectada, o registro deve ser efetuado. Assim, o alcance do parágrafo 3º do artigo 34 é maior que aquele do artigo 103, pois atribui responsabilidade à companhia emissora por ter escolhido determinada instituição financeira para ser o agente responsável pela escrituração das ações de sua emissão e esta responsabilidade abrange eventuais erros, irregularidades e atos ilícitos. Na verdade e de modo prático, o artigo 103 se presta a obrigar a instituição financeira contratada a verificar, com diligência, a regularidade do título que justifica uma alienação, transferência ou constituição de ônus sobre ações escriturais e, havendo falha em tal verificação de regularidade, a companhia emissora pode ser responsabilizada com fulcro no parágrafo terceiro do artigo 34 da Lei 6.404/76.

A redação dos artigos 34 e 35 da Lei 6.404/76, ao mencionar o termo "conta de depósito" foi criticada por diversos juristas e doutrinadores que, em síntese, entendem que foi inadequado emprestar o termo conta de depósito[55], pois se trata, na verdade, de uma conta gráfica que registra a

---

[54] Vide Art. 34, § 3º da Lei 6.404.

[55] No item 15 da Exposição de motivos do Decreto-lei português 229-D/88 de 04 de julho, responsável pela introdução das ações escriturais na ordenação jurídica lusa, consta breve comentário acerca da terminologia adotada na nossa Lei 6.404. Segue o trecho em questão da lavra de Fernando Pessoa Jorge: "15. A terminologia adoptada – "contas de depósito" e "instituição depositária" – não é correcta e tem sido criticada, pois as acções escriturais, tendo

titularidade das ações e, assim, confere o *status* de acionista. A imprecisão pode ser decorrente de clara influência da moeda escritural. No caso da moeda escritural, no âmbito das operações bancárias, o termo conta de depósito faz sentido e é pertinente, já que é possível a entrega, em depósito, ao banco de moeda física e, então, há a criação do registro contábil que é moeda escritural. No caso da ação escritural, contudo, nunca há o suporte físico ou tangível e, desde sua criação, com a emissão, a ação é desmaterializada[56]. Por outro lado, há entendimento doutrinário de que seria cabível a figura do depósito, logo o termo utilizado na lei não seria impróprio, pois, em caráter de exceção, os bens incorpóreos podem ser objeto de depósito. Esta posição tem como defensor Arnaldo Wald com base em Pontes de Miranda e Rubens Requião[57].

existência meramente ideal, sem qualquer representação corpórea, não podem ser objeto de depósito.". A íntegra da exposição de motivos da lei portuguesa consta de PENTEADO. *Disciplina...*, 1990. p. 115.

[56] Neste sentido, Geraldo Vidigal (citado em WALD. O Regime..., 1987, p. 21) afirma que: "Parece sem sentido, no entanto, a referência a depósito de ações escriturais quando a ação escritural não existe ao realizar a operação que o anteprojeto chama de depósito, quando o depósito de que trata o anteprojeto supõe a inexistência ou a previa destruição do corpo representando o que será depositado". No mesmo sentido: TEIXEIRA, Egberto Lacerda; GUERREIRO, José Alexandre Tavares. *Das Sociedades Anônimas no Direito Brasileiro*. São Paulo: Bushatsky, 1979 e CARVALHOSA, Modesto. *Comentários à Lei de Sociedades Anônimas*. 2. ed. São Paulo: Saraiva, 1997. Fábio Comparato afirma; "Vale a pena repetir a evidência de que essa conta bancária não é de depósito ou custódia de títulos. Portanto, os nomes registrados pela instituição financeira que opera o registro não são de depositantes, sem qualquer ligação com a propriedade dos títulos: são dos proprietários ou acionistas." COMPARATO. *Direito...*, 1990, p. 354. Ressaltamos que TEIXEIRA e GUERREIRO entendem ser impossível devolver a mesma coisa móvel, por isso no caso de ações escriturais, há um contrato de prestação de serviços e flagrante incompatibilidade entre a ideia de depósito. CARVALHOSA afasta o deposito pelo fato das ações escriturais serem bens incorpóreos.

[57] WALD. O Regime..., 1987, p. 23. Em síntese, sustenta que, em caráter de exceção, bens incorpóreos podem ser objeto de depósito. O Código Civil (art. 627) se refere a bem móvel, sem distinguir entre corpóreo e incorpóreo.

SEGUNDA PARTE
A PÓS-NEGOCIAÇÃO DE VALORES MOBILIÁRIOS

1. OPERAÇÕES COM VALORES MOBILIÁRIOS ESCRITURAIS: NEGOCIAÇÃO E PÓS-NEGOCIAÇÃO

Considerando que, atualmente, os valores mobiliários assumiram a forma escritural e a liquidação de negócios jurídicos envolvendo valores mobiliários passou a ser eletrônica em praticamente todos os mercados e praças relevantes, trataremos das fases dos negócios jurídicos com valores mobiliários, sempre considerando sua forma escritural.

Preliminarmente, para a finalidade do presente trabalho, consideraremos os negócios jurídicos: (i) realizados em mercados regulamentados de valores mobiliários, assim entendidos os mercados de bolsa, de balcão organizado e de balcão não organizado[58] e (ii) que sejam classificados como operações secundárias[59]. Desta forma, não consideraremos operações de emissão de valores mobiliários e sua subscrição e nem as operações privadas[60].

---

[58] Classificação dada pela Instrução CVM 461 de 23 de outubro de 2007 e alterações ("Instrução CVM 461"), arts. 2º a 4º.

[59] Assim entendidas aquelas em que há a circulação de valores mobiliários já existentes no mercado, sem considerarmos a emissão de valores mobiliários.

[60] Aquelas que ocorrem entre particulares, fora de bolsa, de mercado de balcão organizado ou do mercado de balcão não organizado, mesmo que com valores mobiliários já existentes, ou seja, os negócios particulares.

Os negócios com valores mobiliários envolvem duas fases: (i) a fase de negociação, denominada em língua inglesa de *trading* sendo esta fase desenvolvida pelo *Front Office* das instituições participantes do mercado e (ii) a fase de pós-negociação, tradução de *post trading*, e levada a cabo pelo *Back Office* das instituições envolvidas.

A figura 1, a seguir, apresenta um esquema gráfico das fases de negociação e pós-negociação.

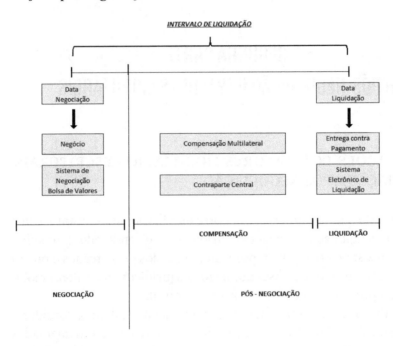

Fig. 1

1.1. A FASE DE NEGOCIAÇÃO

A negociação envolve diversas instituições, merecendo destaque: (i) os participantes de mercado[61] ou intermediários[62] e (ii) as entidades administradoras de mercados organizados, ou seja, as pessoas jurídicas autorizadas,

---

[61] Nos termos da Instrução CVM 461 são denominados Pessoas Autorizadas a Operar.
[62] Não se trata de intermediário no sentido de realizar intermediação financeira no sentido do art. 17 da Lei 4.595 de 31 de dezembro de 1964 e que caracteriza a atividade bancária típica.

A PÓS-NEGOCIAÇÃO DE VALORES MOBILIÁRIOS

no caso do Brasil pela CVM, a manter mercado de bolsa ("Bolsa de Valores") e mercado de balcão organizado ("Mercado de Balcão Organizado").

Os participantes de mercado são as instituições que se relacionam com (i) os investidores do público em geral, ou seja, aqueles que detêm recursos para investir ou que possuem valores mobiliários dos quais desejam, de alguma forma, dispor ou (ii) outras instituições que, apesar de não serem classificadas como investidores do público em geral, necessitam acessar o mercado de capitais e realizar operações com valores mobiliários, e para tanto, necessitam dos serviços prestados por participantes de mercado[63]. Os participantes de mercado constituem os canais de acesso ao mercado e atuam de forma análoga a canais de distribuição. De modo geral, cabe aos participantes receber as ordens[64] de seus clientes e encaminhá-las ou transmiti-las aos sistemas de negociação para que possam ser executadas.

As Bolsas de Valores e os Mercados de Balcão Organizados são, atualmente, sistemas eletrônicos de negociação onde ocorre o encontro de ofertas de compra e ofertas de venda, originadas de ordens, e, assim, os negócios são fechados. Consistem em focos ou polos de liquidez onde afluem os interessados em realizar negócios com os valores mobiliários admitidos à negociação nos respectivos sistemas de negociação. O acesso aos sistemas de negociação das bolsas e dos mercados de balcão organizado é franqueado pelos participantes de mercado de quem os investidores ou interessados em acessar o mercado são clientes[65].

As atividades desenvolvidas na fase de negociação possuem implicações regulatórias próprias. Resumidamente, a negociação requer como pressuposto a existência de relação comercial entre um investidor e um

---

[63] Por exemplo, bancos, fundos de pensão, fundos de investimento.

[64] Entendidas como "ato pelo qual o cliente determina que um intermediário negocie ou registre operação com valor mobiliário, em seu nome e nas condições que especificar" conforme inciso V do art. 1º da Instrução CVM 505 de 27 de setembro de 2011.

[65] Na fase de negociação, para exemplificar, há a manifestação de vontade da parte compradora e da parte vendedora, que emitem ordens para compra e venda de ações para as instituições autorizadas com as quais mantem relacionamento (participante de mercado, cujo exemplo de mais fácil assimilação é a sociedade corretora de valores mobiliários) e tais instituições, representando seus clientes, levam tais ordens (ou franqueiam com que atinjam, como no caso do *Home Broker*) ao sistema de negociação mantido pela bolsa de valores transformando-as em ofertas. Uma vez que as ofertas, decorrentes das ordens, se encontram no sistema de negociação, ocorre a formação do contrato, pois haverá parte vendedora e compradora, preço e objeto; assim, teremos o negócio concluído e o contrato formado.

ASPETOS JURÍDICOS DA PÓS-NEGOCIAÇÃO DE AÇÕES

intermediário ou participante de mercado, ou seja, os interessados em comprar ou vender valores mobiliários devem se tornar clientes de um participante do mercado. O relacionamento entre cliente e participante de mercado, por exemplo, um investidor e sua corretora, é objeto de normas legais, regulatórias e de autorregulação, pois podem envolver, entre outras, questões de assimetria informacional, adequação de investimentos e perfil de cliente (*suitability*), políticas de "Conheça seu cliente" (*KYC – Know your client*), prevenção à lavagem de dinheiro e ocultação de bens e recursos ilícitos, práticas anticoncorrenciais etc. A negociação em si, ou seja, a inserção da oferta, decorrente da ordem do cliente, em um sistema de negociação e sua execução também envolve aspectos importantes que atraem uma gama de normas por força de vários fatores como: adequada formação de preços, conflitos de interesses, indícios de uso de informação privilegiada e de manipulação e abuso de mercado, quebra de deveres fiduciários. Na verdade, a fase de negociação tem características, riscos e aspectos regulatórios próprios que por si justificariam um trabalho autônomo, não sendo este o objeto de nosso estudo.

1.2. A FASE DE PÓS-NEGOCIAÇÃO

Uma vez superada e concluída fase de negociação, iniciamos a fase de pós-negociação. Apesar da pós-negociação ter menor visibilidade para o investidor, se comparada com a negociação, é de vital importância, pois, de forma objetiva, na pós-negociação desenvolvem-se atividades que visam fazer com que o objeto da contratação no ambiente de negociação se realize, ou seja, por exemplo, que o vendedor receba o pagamento do preço e entregue os bens vendidos e o comprador efetue o pagamento do preço e receba os bens adquiridos. Vale citar as palavras de Peter Norman:

> "Não importa quão sofisticada e rápida seja a plataforma onde os valores mobiliários são negociados, nenhum mercado servira aos seus propósitos sem uma estrutura que efetivamente complete a transferência dos valores mobiliários dos vendedores para os compradores e assegure o pagamento na direção contrária dos compradores par aos vendedores. Todos os ambientes de negociação tem

A PÓS-NEGOCIAÇÃO DE VALORES MOBILIÁRIOS

um interesse vital que a infraestrutura de liquidação seja rápida, eficiente e o com o melhor custo possível" [66].

Desta forma, pós-negociação é a fase compreendida entre o momento em que se encerra negociação, quando há um negócio fechado, que é um contrato formado, em ambiente de negociação e sua conclusão, ou seja, a extinção das obrigações das partes no negócio pactuado pelo seu adimplemento[67].

Na fase de pós-negociação, merecem destaque as seguintes instituições: (i) instituições que mantém e administram sistemas de liquidação de valores mobiliários, os sistemas de liquidação de valores mobiliários; (ii) entidades que prestem serviços de contraparte central garantidora[68]; (iii) os depositários centrais e, por fim, (iv) as centrais depositárias internacionais de ativos[69].

---

[66] Tradução livre do autor de: "No matter how sophisticated or speedy the platform on which securities are traded, the market in question cannot serve its purpose without an apparatus that actually completes the transfer of securities from sellers to buyers and ensures payment flows in the other direction from buyers to sellers. All trading venues have a vital interest in a settlement infrastructure that is fast, efficient and as cost effective as possible" in NORMAN. Plumbers..., 2007, p. 4.

[67] "A fase posterior à negociação de valores mobiliários envolve uma série de actos direccionados à transferência da propriedade dos valores mobiliários do vendedor para o comprador, contra o pagamento do preço respectivo. Esta fase pós-negociação reveste-se da maior importância, na medida em que consubstancia o momento da troca dos bens objecto de transacção entre o vendedor e o comprador, verdadeira expressão do comércio e do funcionamento do mercado". BORGES, Sofia Leite; LOUREIRO, Catarina Tavares. *Liquidação transfronteiriça de valores mobiliários: desenvolvimentos recentes no espaço europeu.* Cadernos do Mercado de Valores Mobiliários, n. 25, dez. de 2006. Disponível em: <http://www.cmvm.pt/CMVM/Publicacoes/Cadernos/Documents/42 8423c525a94b129fbe703fec15a2e2Dossier3.pdf>. Acesso em: jan. 2012.

[68] Denominadas em inglês *Central Counterparties*, ("CCP"), às quais nos referiremos apenas como contraparte central.

[69] Denominadas em inglês *International Central Securities Depositories* ("ICSD"), referidas como depositários internacionais.

A pós-negociação pode ser descrita da seguinte forma, contando com as seguintes etapas desenvolvidas pelas instituições mencionadas no parágrafo acima[70] [71]:

a. Confirmação (*trade confirmation*): após a conclusão de um negócio, passa-se à confirmação do ativo objeto, preço, quantidade, partes e prazo. A confirmação, no caso de operações em bolsa ou mercado de balcão organizado é automática após o registro no sistema de negociação, podendo não haver a confirmação como uma etapa distinta, estanque, que ocorre após a negociação e antes do ciclo de pós-negociação se iniciar, já que a plataforma onde o negócio foi realizado transmite os dados diretamente da operação já confirmada. A confirmação é uma etapa independente nas operações de mercado de balcão não organizado, pois cada contraparte deve confirmar os termos do negócio pactuado para que o ciclo de liquidação se inicie;

b. Compensação (*clearing*): após o negócio estar confirmado, passa-se ao cálculo e apuração das obrigações das contrapartes, o quanto deve ser pago e entregue na data de liquidação. Quando a apuração é feita para cada negócio de forma individual, temos a apuração bruta, mas existe a possibilidade de se efetuar a compensação para a apuração de saldo líquido final por ativo e saldo líquido final financeiro. Nesta etapa, pode haver interposição da figura de uma contraparte central garantidora para atuar como contraparte dos negócios originais; em tal situação, é possível a compensação mul-

---

[70] Vale ressaltar que as atividades de pós-negociação podem ser executadas por instituições separadas, ou seja, cada atividade pode ter uma instituição responsável ou pode haver a concentração de mais de uma atividade ou de todas em uma única instituição. Atualmente, no Brasil, toda a pós- negociação de ações está concentrada na BM&FBOVESPA, que também concentra negociação desta espécie de valores mobiliários, porém não há vedação legal ou regulamentar para que as atividades sejam executadas de forma desmembrada ou que existam mais de uma instituição para a mesma atividade. Para fins didáticos, descreveremos as atividades de forma independente, pois em diversos países relevantes, há segregação.

[71] Descrição resumida baseada no Anexo 2 do documento intitulado *Recommendations for Securities Settlement Systems*. BANCO DAS COMPENSAÇÕES INTERNACIONAIS (BIS). *Recommendations for Securities Settlement Systems. Committee on Payment and Settlement Systems.* Technical Committee of the International Organization of Securities Commissions, nov. de 2001. Disponível em: <http://www.bis.org/publ/cpss46.pdf>. Acesso em: jan. 2012.

tilateral e apuração de saldos finais de ativos e financeiro em relação à contraparte central;

c. Liquidação (*settlement*): consiste na transferência final dos valores mobiliários do vendedor para o comprador e o pagamento por este ao vendedor. A liquidação é desempenhada por um sistema de liquidação de valores mobiliários que dará instruções de crédito e débito de valores mobiliários e de recursos financeiros para as partes envolvidas, conforme a posição que ocupem de vendedor ou comprador.

d. Guarda ou depósito de ativos (*safekeeping*): trata-se de atividade complementar e vital para a liquidação. Os valores mobiliários são detidos por um depositário central. Entretanto, na maioria das situações, não é possível aos investidores terem acesso direto ao depositário central, então os investidores contratam serviços de custodiantes (*custodians*) para, por meio destes, chegarem ao depositário central. Em situação de ativos estrangeiros ou operações internacionais, a guarda fica a cargo de um depositário internacional.

A efetiva liquidação, assim entendida a entrega e pagamento com o cumprimento das obrigações assumidas no contrato pactuado e concluído na fase de negociação, ocorre em data diversa e posterior à data da negociação. Este intervalo de tempo entre a data de negociação e a data de liquidação, denominado intervalo de liquidação, é um fator de risco. Dentro da fase de pós-negociação é preciso controlar os riscos do intervalo de liquidação, gerenciá-los e mitigá-los. O risco mais evidente é o risco de não cumprimento de obrigação, seja do pagamento, seja da entrega de ativo, na data pactuada ou o cumprimento com atraso. Estes são, respectivamente, os riscos de crédito e de liquidez, mas há outros riscos que merecem ser considerados. De forma resumida, os principais riscos[72] que surgem durante o intervalo de liquidação são:

a. Risco de crédito: consiste no risco de perda pelo inadimplemento contratual da contraparte. O risco de crédito se manifesta de duas formas, dependendo do momento em que ocorre o inadimplemento,

---

[72] Descrição resumida baseada no Anexo 3 do documento BIS e IOSCO. *Recommendations...*, *2001*. e em BENJAMIN, MONTAGU e YATES, 2003. p. 144 e 145.

ASPETOS JURÍDICOS DA PÓS-NEGOCIAÇÃO DE AÇÕES

podendo ser o risco de ganho esperado não realizado ou risco de principal. O risco de ganho esperado não realizado consiste no risco da parte solvente e adimplente ter perda para conseguir refazer o negócio original com outra contraparte devido ao inadimplemento da contraparte original. Assim, antes da efetiva liquidação, se uma contraparte se tornar insolvente ou inadimplente a outra parte deverá buscar terceiro no mercado, ao preço atual de mercado, para conseguir que o negócio originalmente pactuado se concretize e isto poderá trazer prejuízo e frustrar o ganho esperado na operação original. Já o risco de principal se materializa quando há efetiva entrega de ativos sem o correspondente pagamento ou o pagamento sem a correspondente entrega dos ativos. Tal risco se dá na frustração da liquidação em si na data de liquidação. A mitigação destes riscos é possível com a redução do intervalo de liquidação, o uso de contraparte central e de estruturas adequadas de Entrega contra Pagamento.

b. Risco de liquidez: o risco de liquidez se manifesta (i) quando participantes do mercado desejam comprar ou vender ativos e não encontram contrapartes para realizar o negócio em condições justas ou (ii) uma parte não recebe o que lhe é devido e, assim, deve tomar emprestado ativos ou recursos financeiros no mercado, pagando por isto, para poder, então, cumprir suas próprias obrigações de forma pontual. O risco de liquidez pode ser mitigado por meio de empréstimo de ativos e existência de contraparte central.

c. Risco operacional: consiste no risco de perdas ou prejuízos inesperados em decorrências de falhas de sistemas, controles, falhas humanas e de gerenciamento das fases e estruturas de liquidação. O risco operacional tem várias nuances e formas de se manifestar e sua mitigação varia em decorrência da sua natureza, podendo ser controlado por medidas internas de controle e procedimentos, pela automação de procedimentos, por constante atualização tecnológica, fiscalização e controle etc.

d. Risco Legal: consiste no risco do efeito legal de um negócio ser diverso daquele intencionado pelas partes ao realizarem o negócio jurídico. Também pode ser definido como o risco de perda de uma parte em decorrência das leis ou regulação não reconhecerem ou não legitimarem a liquidação dos negócios com valores mobiliários. Pode ser o risco de uma lei ou norma regulamentar não reconhecer a legalidade de um contrato ou de um procedimento de liquidação, afetando a certeza da entrega e deixando o contrato inexequível. Inclui o risco de demora na recuperação de bens e valores pagos. Outra faceta relevante do risco legal é o risco de mais de uma norma jurídica ser aplicável a um negócio e haver conflito entre elas (possível em situações transfronteiriças). O risco legal é mitigado com a criação de normas jurídicas claras que deem suporte para os negócios com valores mobiliários, para sua execução e, principalmente, para os sistemas de liquidação, reconhecendo a atuação de contraparte central, a compensação multilateral, e os lançamentos a crédito e a débito em recursos financeiros e, principalmente, em valores mobiliários ou direitos sobre valores mobiliários nas contas mantidas pelos sistemas de liquidação de valores mobiliários.

e. Risco sistêmico: é o risco de uma instituição não cumprir suas obrigações quando devido e, assim, levar outras a não cumprir as suas, gerando um efeito de inadimplência em cadeia. A adequada mitigação de todos os demais riscos é o melhor meio de se evitar o risco sistêmico.

2. AS ATIVIDADES QUE COMPÕEM A PÓS-NEGOCIAÇÃO

2.1 A COMPENSAÇÃO

Preliminarmente, é importante enfrentar uma questão terminológica. A palavra compensação é plurívoca, logo é essencial explicitar o sentido ora considerado. Em linguagem jurídica, a compensação é uma das formas de extinção de obrigação prevista no artigo 368 do Código Civil, sendo este significado relevante para o presente trabalho. Além disso, compensação é, também, a tradução do termo inglês *clearing*. No contexto de pós-negociação de valores mobiliários, a palavra compensação é comumente tomada como tradução de *clearing* e esta será a acepção que adotaremos. Assim, no presente trabalho, nos referiremos à compensação e *clearing* como sinônimos. Entretanto, a compensação como forma extintiva de obrigações será empregada, porem será dado o devido destaque para manter a clareza.

A palavra *clearing* é usada com diferentes significados, podendo ser entendida, em sentido estrito, como o cálculo de obrigações mútuas entre participantes de mercado na fase de pós-negociação[73], ou em sentido amplo, que consiste na administração de risco anterior à efetiva liquidação a fim de assegurar que a liquidação corra de acordo com as regras de mercado mesmo se uma das partes se tornar insolvente ou inadimplente antes da liquidação propriamente dita. Consideraremos a definição mais ampla de *clearing*[74].

Assim, sob o termo *clearing* estão as atividades de administração de riscos do intervalo de liquidação, ou seja, processo que se desenvolve após a celebração do negócio (finda a fase de negociação) e antes da liquidação e que tem por objetivo administrar os riscos que surgem no referido intervalo.

A atividade de *clearing*, na maioria das vezes, e seguindo recomendações internacionais[75], envolve a existência de uma contraparte central. Desta

[73] De forma semelhante: "A compensação de operações sobre instrumentos financeiros, por seu turno, compreende a determinação de posições creditícias e debitórias entre diversas partes, o apuramento de saldos líquidos e a confirmação sobre a disponibilidade dos valores e fundos para liquidar". CÂMARA. *Manual...*, 2009, p. 515.

[74] Neste sentido e corroborando esta escolha pela terminologia mais ampla temos: "The term 'clearing' is used in different senses. In its narrower sense, the terms used to mean the calculation of the mutual post-trade obligations of market participants, usually on a net basis. In its wider sense (which will be used in this discussion) the term clearing involves the management of post-trading, pre-settlement credit exposures, to ensure that trades are settled in accordance with market rules, even if a buyer or seller becomes insolvent prior to settlement." BENJAMIN, MONTAGU e YATES. *The Law...*, 2003, p. 142. Com posição idêntica, temos as palavras de Jerónimo Lopes: "O *clearing*, num sentido estrito, é habitualmente definido como o processo de determinar as obrigações de cada participante num Mercado relativas à entrega de valores ou de dinheiro. Em sentido mais lato, o *clearing* engloba a compensação (*netting*) nas suas diversas modalidades, a função de Contraparte Central (CCP: *Central Counterparty*) e as actividades conexas de gestão de risco e de garantias," LOPES, Jerónimo. *Clearing e Liquidação no Projeto Euronext*. Cadernos do Mercado de Valores Mobiliários, n. 13, abr. de 2002. Disponível em: <http://www.cmvm.pt/CMVM/Publicacoes/Cadernos/Documents/bee1f3e22fdb4e24b1438e66749ed278Clearing_Proj_Euronext.pdf>. Acesso em: jan. 2012. Também a ideia de gestão de risco aparece ao associar *clearing* a contraparte central, como segue: "Words such as clear, clearance and clearing will recur time and again in the story of the securities settlement industry since the 1960s, often as part of company names. However, the functions of clearing, in its modern usage will only appear to any significant degree towards the end of the narrative when CCPs and central counterparty clearing help shape the securities settlement as it is today." NORMAN. *Plumbers...*, 2007, p. 16.

[75] A exemplo do relatório "Standards for Securities Clearing and Settlement in the European Union". BANCO CENTRAL EUROPEU (ECB); COMMITTEE OF EUROPEAN SECURITIES REGULATORS (CERS). *Standards for Securities Clearing and Settlement in the European*

A PÓS-NEGOCIAÇÃO DE VALORES MOBILIÁRIOS

forma, a contraparte central assume posição contratual de parte em todos os negócios. Todos os negócios celebrados no ambiente de negociação, uma vez registrados e ao ingressarem na fase de pós-negociação, passam a ter a mesma contraparte: a contraparte central, que atua como vendedora de todos os compradores e compradora de todos os vendedores. A interposição da contraparte central é importante para uniformizar a exposição de risco de crédito nos negócios não liquidados, já que todos os participantes do mercado têm a mesma contraparte, logo todos estão expostos ao mesmo risco de crédito.

É importante esclarecer que contraparte central é um meio de mitigar risco na fase de *clearing*, podendo ser entendida tanto como uma atividade exercida pelo operador do sistema de liquidação ou como uma pessoa jurídica que presta serviço de contraparte central. Em outras palavras, a contraparte central pode ser cumulada com outros integrantes da infraestrutura de pós-negociação ou ser exercida de forma autônoma, cada mercado adotará o modelo que julgar mais conveniente.

A contraparte central deve ser uma instituição capitalizada de porte para assumir tal posição, com estrutura de gerenciamento de risco e capacidade para exigir garantias, assim, os participantes ficam expostos a uma contraparte de baixo risco. Além da uniformização, há, como regra, um aprimoramento com a efetiva diminuição do risco na medida em que exclui o risco variável de cada contraparte em cada negócio bilateral.

A existência de uma instituição que assume a posição de contraparte central possibilita a compensação multilateral das obrigações. Como todos os participantes possuem a mesma contraparte, é possível a apuração de um saldo final líquido devedor ou credor de ativos e de recursos financeiros em relação à contraparte central. A compensação pode ocorrer com os negócios e obrigações perante a contraparte central assim que esta assumir sua posição contratual, ou seja, apura-se o saldo em aberto considerando as obrigações a vencer (antes da data de liquidação), porque todos os negócios passaram a ter a contraparte central como uma das partes. Adicionalmente, a compensação também pode ocorrer na liquidação e as instruções finais para liquidação serem dadas com base em valores e

Union. September 2004 Report. Disponível em: <http://www.ecb.int/pub/pdf/other/escb-cesr-standardssecurities2004en.pdf>. Acesso em: jan. 2012.

quantidades de ativos líquidos devidos ou a receber da contraparte central na data de liquidação.

A atividade da contraparte central faz com que esta tenha que assumir e administrar riscos. Por isso, com base contratual, regulamentar ou legal, dependendo de cada ente soberano, a contraparte central poderá exigir dos participantes de mercado de modo direto e dos investidores clientes destes, de modo indireto, que prestem garantias em função do risco a que expõem a contraparte central, já que esta se tornou contraparte nas operações, assim a atividade de *clearing* com contraparte central envolve administração e controle de garantias. No Brasil, como será abordado adiante, a existência e atividades da contraparte central na pós-negociação de ações tem fundamento legal previsto no regime jurídico do sistema de pagamentos brasileiro. Antes de tal evento, a estrutura de contraparte central tinha fundamentação contratual.

A interposição da contraparte central encontra diferentes justificativas na doutrina, há defensores de que ocorre novação do contrato pactuado entre as contrapartes originais e há os defensores de que, desde o início, a contraparte central figura nos contratos, ou seja, de que não havia um contrato inicial e sua posterior substituição por novos com a contraparte central.

No caso da novação[76][77], haveria a substituição do contrato original celebrado no ambiente de negociação por um novo contrato no qual a contraparte central assume a posição de contraparte de cada parte do contrato original. Desta feita, a compra e venda pactuada originalmente se desdobraria em novos contratos, passando o vendedor a ter como comprador

---

[76] A favor da novação temos LEÃES, Luiz Gastão Paes de Barros. Liquidação Compulsória de Contratos Futuros. *Revista dos Tribunais*, v. 81, n. 675, p. 44-55, 1992. e SALLES, Marcos Paulo de Almeida. *O Contrato Futuro*. 1. ed. São Paulo: 2000. No mesmo sentido, temos no Primeiro Relatório Giovannini: "Securities markets may avail of a central counterparty (CCP), which is an entity that interposes itself legally between the buyers and sellers of securities by a process of 'novation'". COMISSÃO EUROPEIA. *Cross-Border Clearing and Settlement Arrangements in the European Union*. The Giovannini Group, nov. de 2001. p. 5 Disponível em: <http://ec.europa.eu/internal_market/financial-markets/docs/clearing/first_giovannini_report_en.pdf>. Acesso em: jan. 2012.

[77] Tivemos a oportunidade, no passado, de desenvolver trabalho onde apresentamos posição partidária da novação: PEREIRA Fº, Valdir C. Clearing Houses: Aspectos jurídicos relevantes e seu papel no mercado de capitais e no sistema de pagamentos brasileiro. *Revista de Direito Bancário e do Mercado de Capitais*, v. 27, p. 64-83, 2005.

A contraparte central e, de modo inverso, o comprador passa a ter como vendedor a contraparte central.

Por outro lado, há defensores de que não se trataria de novação, pois o negócio, desde o início, no ambiente de negociação, já nasce com a interposição da contraparte central[78]. Uma vez que as ofertas são inseridas no sistema de negociação e havendo coincidência de ofertas inversas, ambas (oferta de compra e oferta de venda) são aceitas automaticamente pela contraparte central e os negócios já nascem com a participação da contraparte central. Vale frisar que, nos termos desta orientação, uma oferta só foi aceita pela contraparte central por haver outra que a completasse, formando o negócio. O sistema eletrônico, ao casar as ofertas, ao invés de possibilitar que nasça um contrato que, então, seria repassado para a contraparte central, direciona as ofertas - que se encontradas formariam um contrato - para a contraparte central e esta as aceita e, portanto, nascem os contratos já com a contraparte central como parte contratual desde o início[79].

Ambas as posições são defensáveis[80] e o resultado prático almejado é atingido: ter a contraparte central como parte contratual, uniformizando risco de crédito e possibilitando a compensação multilateral

---

[78] SOUZA JUNIOR, Francisco Satiro. *Regime Jurídico das Opções Negociadas em Bolsas de Valores*. Tese de Doutorado, Faculdade de Direito, Universidade de São Paulo, 2002.

[79] Fernando Zunzunegui defende, de forma sucinta, que a contraparte central, a fim de proceder à compensação multilateral, atua como mandatária comum de todos os participantes com objetivo de realizar de receber os pagamentos e comandar as entregas. Seria como se, uma vez pactuado contrato entre os participantes de mercado, estes outorgassem mandato para a que contraparte central conduzisse a liquidação e pudesse, assim, proceder à compensação. Trata-se de uma posição onde não se fala em novação e nem em contrato com a contraparte central, o contrato é entre os participantes, mas a atuação da contraparte central é fundamentada pelo mandato comum outorgado por todos os participantes que realizem negócios em bolsa onde a contraparte central é responsável pela compensação. ZUNZUNEGUI. *Derecho...*, 2005. p. 796.

[80] Como, já citado anteriormente, debruçamo-nos sobre o tema da novação em trabalho no qual analisamos as *Clearing Houses* no Brasil e dissemos que a interposição da *Clearing House*, atuando como contraparte central, decorre de novação do contrato celebrado no ambiente de negociação (notadamente em bolsa). Gostaríamos de esclarecer que, naquela ocasião, fizemos trabalho descritivo no papel das *Clearing Houses*, sem trazer ao debate as correntes que justificam a interposição da contraparte central, como ora fazemos. Naquele momento, até por não ser o objetivo daquele trabalho, não apresentamos as posições doutrinárias, apenas apresentamos aquela que entendíamos como pertinente. Entretanto, considerando o panorama atual, o alto grau de automação e, principalmente, a rapidez com que ocorrem os negócios,

2.2. A LIQUIDAÇÃO

Ao se falar em operações com valores mobiliários, assim entendidos os negócios jurídicos celebrados em sistemas de negociação, por liquidação, tradução de *settlement*, deve-se compreender a transferência de propriedade sobre valores mobiliários a fim de cumprir as obrigações contratuais pactuadas[81] contra o correspondente pagamento[82].

Em termos jurídicos, a liquidação é importante por ser o momento em que se confere efetiva propriedade sobre os valores mobiliários objeto de um negócio e por ser o momento do efetivo adimplemento contratual.

nos parece que a posição doutrinária que defende que os contratos com a contraparte central já nascem ao haver ofertas inversas registradas nos sistemas de negociação encontra maior aplicabilidade e pertinência. Acreditamos, talvez, que a novação possa justificar também, mas de forma mais adequada, uma situação já superada: a era do pregão viva-voz onde havia efetivo encontro entre representantes de corretoras no recinto de bolsa com a celebração de um contrato e, então, este era encaminhado para a *Clearing House,* que passaria a ser contraparte (atuando como contraparte central). Vale ressaltar que aquele artigo, onde anteriormente assumimos uma posição, foi elaborado em 2000, apesar de sua publicação ter ocorrido em 2005. Reiteramos, porém, que não se trata de posição errada, apenas acreditamos que com a evolução tecnológica e a rapidez atual dos negócios é factível a justificativa de que os negócios, de fato, nascem com a contraparte central sem haver dois momentos onde haveria um contrato completo entre participantes e sua posterior substituição em decorrência de novação por novos contratos com a contraparte central. Considerando o Brasil, outro aspecto relevante que merece destaque é que não há como existir um negócio regular fechado em sistema de bolsa e este não contar com a garantia da contraparte central, caso esta seja parte da estrutura de *clearing* do mercado onde houve o negócio, ou seja, desde antes do negócio ser fechado as partes sabem que haverá a interposição da contraparte central e esta ocorre com a celebração negócio.

[81] Podem ocorrer transferências dissociadas de pagamento, como, por exemplo, transferências por força de empréstimo de valores mobiliários, por força de prestação de garantias ou chamadas de margem .

[82] Seguem definições precisas e esclarecedoras: "Securities settlement is the process whereby (interests in) securities are delivered, usually against payment, to fulfil contractual obligations, such as those arising under securities trades". Cf. BENJAMIN. *Interests in Securities,* 2000. p. 20. "A liquidação designa o processo de transferência com caráter definitivo de valores mobiliários e de dinheiro (modalidade de DVP: Delivery versus Payment) ou só de valores mobiliários (modalidade DFP: Delivery free of Payment), em cumprimento de instruções recebidas de membros do sistema de liquidação ou de mercados organizados." Cf. LOPES. Clearing..., 2002, p. 51. Por fim, a definição que consta do Primeiro Relatório Giovannini: "Settlement of a securities transaction involves the delivery of the securities and the payment of funds between the buyer and seller.". COMISSÃO EUROPEIA. *Cross-Border...,* 2001. p.05.

A PÓS-NEGOCIAÇÃO DE VALORES MOBILIÁRIOS

Durante o intervalo de liquidação, período compreendido entre a celebração do negócio e a liquidação propriamente dita, as partes têm direitos de natureza contratual. Após a liquidação, as partes possuem direito de natureza real, já que o comprador passa a ser legítimo proprietário dos valores mobiliários e o vendedor do preço recebido. A liquidação implica o cumprimento (adimplemento) das obrigações contratuais com transformação do direito contratual (logo de natureza pessoal) em direito de propriedade (logo direito real ou de propriedade). Da efetiva liquidação, por haver cumprimento contratual e aquisição de direito de propriedade, cessam os riscos que são administrados na fase de pós-negociação pelas atividades de *clearing.*

A liquidação dos negócios fica a cargo, atualmente e nos mercados relevantes ou de regulação desenvolvida, de um sistema de liquidação de valores mobiliários.

Como já descrito anteriormente, há riscos inerentes à fase de pós-negociação e, dentre as diversas ferramentas[83] para mitigá-los, cabe ao sistema de liquidação de valores mobiliários proceder à entrega contra o correspondente pagamento, afastando assim o risco de principal[84], uma das modalidades de risco de crédito. Assim, a sincronização entre entrega, ou melhor, transferência ou atribuição de propriedade de forma definitiva para o comprador e o pagamento ao vendedor é a ferramenta para afastar o risco de uma parte cumprir sua obrigação sem receber a contraprestação.

Em um cenário extremo, sem a presença da atividade de *clearing*, se o vendedor receber o pagamento do preço do comprador e não efetuar a entrega, o comprador terá um direito pessoal de exigir o cumprimento da obrigação contratual e, na hipótese de insolvência do vendedor, será um credor quirografário pleiteando que a obrigação seja cumprida. De forma análoga, se o vendedor entregar o bem objeto do negócio e o comprador não pagar, deverá executar a obrigação contratual e se sujeitar aos trâmites pertinentes e, se o comprador falir, apresentar seu pleito como um credor quirografário.

---

[83] Como o uso de contraparte central, compensação multilateral para apuração de saldos líquidos, exigência de garantias, mas estas ferramentas são empregadas na etapa de compensação ou *clearing* conduzida por *Clearing Houses* e/ou contraparte central.

[84] Risco de o vendedor poder entregar, mas não receber o pagamento correspondente ou do comprador poder efetuar o pagamento, mas não receber o valor mobiliário objeto do negócio.

A sincronização entre entrega e pagamento (Entrega contra Pagamento ou DVP) é definida, no Relatório do G30 de 1989, como "a troca simultânea de valores mobiliários (pelo lado da entrega) e moeda (pagamento) para liquidar um negócio"[85]. A Entrega contra Pagamento [86] deve promover a prestação das obrigações contratuais de forma simultânea, final e irreversível. Em outras palavras, o pagamento e entrega devem ser concomitantes e, uma vez feitos, irreversíveis e inquestionáveis, logo dotados de segurança jurídica de que não poderá ser desfeita a liquidação do negócio. A estrutura de Entrega contra Pagamento deve ser conjugada juntamente com previsão de compensação multilateral, pois havendo regras de compensação adequadas é possível ter segurança em uma estrutura de Entrega contra Pagamento modelo 3, já que a entrega contra Pagamento modelo 1[87], apesar de ser o mais seguro tem como contratempo aumentar exposição de risco de crédito e de liquidez por envolver grandes volumes brutos e por poder comprometer agilidade dos negócios, pois as liquidações seriam todas por valores e quantidade brutas. Além disso, é preciso assegurar que a transferência efetuada ou comandada pelo sistema de liquidação de valores mobiliários efetivamente transfira propriedade sobre os valores mobiliários e que os recursos financeiros oriundos do pagamento sejam líquidos e sem risco, sendo o ideal ser créditos em recursos financeiros

---

[85] Tradução livre do autor de "the simultaneous exchange of securities (the delivery side) and cash value (payment) to settle a transaction."

[86] Como já dito em nota anterior, para detalhes referente a Entrega contra Pagamento ou DVP, vide BIS, *Delivery*..., 1992. Segue transcrição dos modelos de DVP, conforme o relatório aqui referido:

"1.9 The Study Group has thoroughly reviewed most of the securities transfer systems in use or under development in the G-10 countries. On the basis of this review, the Study Group has identified three broad structural approaches to achieving DVP (or more generally, to creating a strong linkage between delivery and payment in a securities settlement system):

Model 1: systems that settle transfer instructions for both securities and funds on a trade-by-trade (gross) basis, with final (unconditional) transfer of securities from the seller to the buyer (delivery) occurring at the same time as final transfer of funds from the buyer to the seller (payment);

Model 2: systems that settle securities transfer instructions on a gross basis with final transfer of securities from the seller to the buyer (delivery) occurring throughout the processing cycle, but settle funds transfer instructions on a net basis, with final transfer of funds from the buyer to the seller (payment) occurring at the end of the processing cycle;

Model 3: systems that settle transfer instructions for both securities and funds on a net basis, with final transfers of both securities and funds occurring at the end of the processing cycle."

[87] Para os modelos de Entrega contra Pagamento (DVP), vide nota anterior.

A PÓS-NEGOCIAÇÃO DE VALORES MOBILIÁRIOS

junto ao banco central, em reservas bancárias. Assim, uma Entrega contra Pagamento de qualidade deve assegurar o pagamento em moeda do banco central, para afastar o risco de insolvência de intermediários financeiros (risco bancário) e transferir efetivamente a propriedade sobre os valores mobiliários, sem que haja qualquer tipo de condição ou pendência para a perfeita aquisição de propriedade pelo comprador ao receber os valores mobiliários por instrução do sistema de liquidação de valores mobiliários. Por fim, a Entrega contra Pagamento deve promover pagamentos e transferências de valores mobiliários de modo irrevogável e final sem poder ser objeto de revogação ou desfazimento seja pelo sistema de liquidação de valores mobiliários, seja por uma das partes.

2.3. O DEPÓSITO CENTRALIZADO

Para encerrarmos a descrição das atividades de pós-negociação, abordaremos os depositários centrais de valores mobiliários. O serviço prestado pelos depositários centrais é essencial, até mesmo vital, para o mercado de capitais, sem o qual não é possível a adequada liquidação das operações realizadas. Os depositários centrais estão ligados intimamente aos sistemas de liquidação de valores mobiliários e são primordiais para se proceder à entrega dos valores mobiliários.

A origem dos depositários centrais de valores mobiliários está ligada, como já dissemos anteriormente, à necessidade de se proceder à entrega dos valores mobiliários de forma segura, ágil, evitando os riscos derivados do uso de documentos em papel, sejam títulos ao portador ou nominativos com seus certificados e termos de transferência. Neste contexto, foram surgindo nos mercados domésticos os depositários centrais, que tinham por função centralizar a guarda de valores mobiliários ao portador ou representados por certificados para que a liquidação das operações pudesse ocorrer sem o trânsito de papéis. Também como já dito, devido aos avanços tecnológicos, surgiu a desmaterialização de forma que o valor mobiliário passou a existir inteiramente sem suporte físico de papel. Seja por imobilização, seja por desmaterialização, os valores mobiliários circulavam, nos registros ou sistemas do depositário central ou de sistema de liquidação de valores mobiliários com o depositário central atrelado, de forma escritural.

A criação de depositário central nos mercados ocorreu em resposta a crises ou para seguir as recomendações de melhores práticas de diversos

ASPETOS JURÍDICOS DA PÓS-NEGOCIAÇÃO DE AÇÕES

órgãos, merecendo destaque o documento inaugural do tema já referido anteriormente: o Relatório do G30 de 1989[88].

Os depositários centrais, no mercado de capitais, prestam serviços de prover registro de propriedade sobre valores mobiliários e sua consequente transferência, com o objetivo de facilitar a liquidação sem uso ou trânsito de papéis. A importância dos depositários centrais é tão grande que eles passaram a ser regulados pelas autoridades de mercado de diversos países, já que seu funcionamento eficiente é vital para a solidez do mercado de capitais e, se não corretamente administrados ou não exercerem suas atividades de forma adequada, são um foco de risco sistêmico resultante, entre outros, de fraudes, duplicidade de ativos registrados, transferências não autorizadas. A desmaterialização trouxe mais relevância para a regulação das atividades de depositário central, pois assumem o papel único e fundamental de guardarem os ativos desmaterializados que nascem em seus registros e, então, são o substrato essencial para os sistemas de liquidação de valores mobiliários[89].

Sem vinculação a operações dos mercados domésticos, com o objetivo inicial de proceder à imobilização de *eurobond*[90], foram criadas a Euro-

---

[88] O depositário central mais antigo que se tem registro foi o *Wiener Giro-und Cassenverein* fundado em 1872 na Áustria. Após este, veio o *Kassenverein* da Alemanha também do fim do século XIX. No século XX, tivemos em 1942 a *Caisse Centrale de Dépôts et de Virement des Titres* da França. Nos EUA, há registros de estudos da Bolsa de Nova Iorque (NYSE) para criar uma central de imobilização ainda antes da I Guerra Mundial, mas os EUA só criaram um depositário central após a sua crise de *Paper Crunch* no fim dos anos 60 e transição para os anos 70, quando ocorreu a criação da *Depository Trust Company* (DTC) em 1973, que ganhou fôlego e corpo após 1975 com alteração do *Securities Act,* encorajando o uso de depositários centrais e criando um sistema unificado para o mercado (Cf.: GOODE, Roy; KANDA Hideki; KREUZER, Karl. *Explanatory Report on the 2006 Hague Securities Convention.* Haia: HCCH Publications, 2005. p. 8 e CHAN, Diana; FONTAN, Florence; ROSATI, Simonetta; RUSSO, Daniela. *The Securities Custody System.* Occasional Paper Series, n. 68, ago. 2007. Disponível em: <http://www.ecb.int/pub/pdf/scpops/ecbocp68.pdf>. Acesso em: jan. 2012).

[89] Vale mencionar que pode haver ativos desmaterializados registrados diretamente no sistema de liquidação de valores mobiliários sem se valer de depositário central. Entretanto, em diversos casos, mesmo em casos de desmaterialização, se usa o depositário central, ou seja, na emissão o registro da titularidade é feito no depositário central e, então, o sistema de liquidação de valores mobiliários cria as contas para transferências posteriores. Apesar de não haver imobilização, o depositário central pode dar lastro para o sistema de liquidação de valores mobiliários mesmo em situações de desmaterialização completa.

[90] Segue precisa definição de *eurobond*: "A 'Euro' Bond is a debt security that is: (i) underwritten and distributed by an international syndicate (whose members have registered offices

clear Bank, em 1968, e Clearstream Banking Luxembourg, em 1970, estas conhecidas como depositários internacionais por força da natureza dos *eurobonds*[91].

Na prática, os depositários centrais, assim como os depositários internacionais, não são acessíveis a qualquer investidor. Da mesma forma que ocorre com ambientes de negociação onde o acesso é franqueado aos participantes de mercado, os depositários centrais e depositários internacionais se relacionam com aqueles que figuram ou são admitidos como seus membros, o que não inclui a totalidade do universo de investidores. O acesso aos depositários é feito por meio de instituições, notadamente bancos, bancos de investimento e corretoras, que atuam e prestam serviços de custodiantes[92]. Na prática, o depositário central ou o depositário internacional mantêm contas de ativos (contas para registro de valores mobiliários escriturais – por serem imobilizados ou desmaterializados) para os seus membros, logo para um número limitado de instituições que mantêm relacionamento direto com o depositário central ou com o depositário internacional. Estes membros, por sua vez, mantêm contas para seus clientes que podem ser investidores finais ou outras instituições que atuam como intermediários para outros investidores, de modo que pode haver vários níveis (*i.e.* vários degraus na cadeia de intermediação) entre o investidor

---

in different states); (ii) offered at issuance on a significant scale simultaneously to investors in more than one country (other than that of the issuer's registered office). This category of securities is described as 'homeless and stateless'". CHAN, FONTAN e ROSATI. *The Securities...*, 2007. p. 09.

[91] "Most negotiable eurobonds are deposited with one of two custodians known as Euroclear or Cedel *[antigo nome da Clearstream]* located in Brussels and Luxembourg respectively.

The main object of these custodians are to safeguard the bonds, to collect payments and, most important, to facilitate transfers: if all the bonds are with the same custodian or there are special arrangements between custodians (which there are between Euroclear and Cedel), there is no need to deliver the physical Bond on a transfer. All that is necessary is for the custodian to debit the seller's account and credit the buyer's account. The bonds stay where they are in some vault somewhere." WOOD, Philip. *International Loans, Bonds and Securities Regulation*. Londres: Sweet and Maxwell, 1995. p. 134.

[92] O papel de custodiante e do depositário central é distinto, conforme esclareceu a *European Central Securities Depositories Association (ECSDA)*: "The functions of a custodian are altogether different from those of a CSD in terms of the risk profile involved (including the extension of credit), the need to cope with non-standardised activities with much lower levels of automation achievable and the need to engage in activities normally considered higher value added than the commoditised services ordinarily provided by CSDs." CHAN, FONTAN e ROSATI. *The Securities...*, 2007. p. 11.

final e o emissor de um determinado valor mobiliário. Reiteramos que a existência de instituições, denominadas intermediários, entre o investidor final e o emissor ou depositário central, pode resultar em situação de propriedade direta sobre os valores mobiliários e de direitos sobre valores mobiliários em níveis de intermediários.

3. A PÓS-NEGOCIAÇÃO DE AÇÕES NO MERCADO DE VALORES MOBILIÁRIOS BRASILEIRO

3.1 COMPENSAÇÃO E LIQUIDAÇÃO INSERIDAS NO SISTEMA DE PAGAMENTOS BRASILEIRO (SPB)

A ordenação jurídica brasileira prevê, na Lei 6.385/76, a existência de entidades de compensação e liquidação de operações com valores mobiliários, sendo este tipo de pessoa jurídica integrante do sistema de distribuição de valores mobiliários sujeito ao poder de fiscalização e supervisão da CVM. Por uma questão de facilidade e uniformidade de texto, no lugar da expressão prevista na lei, "entidades de compensação e liquidação de operações com valores mobiliários", utilizaremos as expressões "câmara de compensação" ou seu equivalente em inglês, bastante usado entre nós, *"Clearing House"*.

O fato é que as atividades de pós-negociação, no Brasil, são executadas pelas câmaras de compensação. Como nosso foco são as operações com valores mobiliários escriturais, centraremos nossa análise na câmara de compensação da BM&FBOVESPA S/A – Bolsa de Valores Mercadorias e Futuros ("BM&FBOVESPA"), por ser a única *Clearing House* que procede à compensação e liquidação de operações com ações no mercado brasileiro até a data do presente trabalho[93].

---

[93] Existe a CETIP S/A – Balcão Organizado de Ativos e Derivativos que presta serviços de compensação, liquidação e de depositária de outros ativos financeiros do mercado de capitais, até de valores mobiliários, como debêntures, mas não ações. Se pertinente, poderemos fazer menção a CETIP, mas frisamos que o foco são valores mobiliários e estes são, por excelência e relevância de operações, as ações que são, até a data do presente, exclusivamente negociadas na BM&FBOVESPA, que também dispõe da câmara de compensação e central depositária para ações, sendo a única para este tipo de valor mobiliário no mercado brasileiro.

A PÓS-NEGOCIAÇÃO DE VALORES MOBILIÁRIOS

Antes de aprofundarmos em detalhes na estrutura e funcionamento da pós-negociação no mercado de capitais brasileiro, é importante apresentar algumas observações sobre a BM&FBOVESPA.

A BM&FBOVESPA é uma sociedade anônima de capital aberto, autorizada pela CVM a estruturar, manter e fiscalizar mercado organizado de bolsa de valores, mercadorias e futuros. Assim, a BM&FBOVESPA, nos termos da Instrução CVM 461, de 23 de outubro de 2007, ("Instrução CVM 461"), é uma entidade administradora de mercados organizados de valores mobiliários, sendo que possui autorização tanto para manter mercado de bolsa como mercado de balcão organizado[94]. Entretanto, a BM&FBOVESPA não tem sua atuação restrita à negociação de valores mobiliários. Suas atividades incluem, também, a fase de pós-negociação. Logo, a BM&FBOVESPA possui, também, câmaras de compensação para proceder à compensação e liquidação das operações realizadas nos seus sistemas de negociação. Além disso, por força das operações com valores mobiliários e a sua liquidação, a BM&FBOVESPA é depositário central de valores mobiliários, notadamente de ações[95] (sendo, até a presente data, o único depositário central brasileiro para ações). A BM&FBOVESPA tem uma estrutura integrada vertical, também denominada de "modelo silo", pois cobre as atividades desde a negociação até a pós-negociação, incluindo um depositário central de ativos[96].

---

[94] Apesar da razão social, a BM&FBOVESPA também é entidade administradora de mercado de balcão organizado. Nosso foco no presente trabalho será no mercado de bolsa.

[95] A BM&FBOVESPA é fruto da fusão das antigas BOVESPA e BM&F. A BOVESPA possuía em seu grupo econômico a CBLC – Companhia Brasileira de Liquidação e Custódia que, com a fusão das bolsas, foi incorporada pela BM&FBOVESPA. Hoje, sob uma mesma pessoa jurídica, encontramos os ambientes/sistemas de negociação da antiga BM&F e da antiga BOVESPA e as três *clearings* que eram da BM&F (derivativos, cambio e títulos públicos) e a câmara de compensação e central depositária da antiga BOVESPA: a CBLC.

[96] Os mercados de capitais domésticos vêm passando por processos de consolidação de suas atividades e integrantes que administram as atividades da cadeia de valor das operações com valores mobiliários. A força motriz desses processos de consolidação é economia de escala, eficiência em procedimentos e em prestação de garantias e aumento da automatização. A consolidação experimentada nos mercados domésticos terá consequência nas operações transfronteiriças, pois poderá auxiliar na redução de custos e na facilitação de operações, por meio da uniformização de sistemas e acessos. Nas palavras de Jerónimo Lopes, encontramos os modelos de consolidação: "A consolidação pode ser de dois tipos: Consolidação vertical (ou modelo de 'silo'), em que um grupo passa a integrar e a controlar todas as atividades da cadeia de valor, como a negociação, *clearing*, liquidação, registo e depósito centralizado; e Consolida-

ASPECTOS JURÍDICOS DA PÓS-NEGOCIAÇÃO DE AÇÕES

Desta forma, as atividades de compensação e liquidação, que são as atividades essenciais das entidades de compensação e liquidação de valores mobiliários, no caso de ações no mercado brasileiro, ficam a cargo da BM&FBOVESPA. O Anexo 2 ilustra as atividades da BM&FBOVESPA no mercado brasileiro.

A BM&FBOVESPA, após a conclusão de um negócio no ambiente de negociação por ela mantido (sistema eletrônico do mercado de bolsa, por exemplo), passa a executar as atividades de pós-negociação, por meio da câmara de compensação destinada ao segmento de ações, denominada CBLC[97], que também é depositário central de valores mobiliários.

As atividades da CBLC[98] na compensação e liquidação de operações com valores mobiliários são regidas por normas de diversas naturezas, desde lei em sentido estrito a regras por ela estabelecidas no exercício de poder de autorregulação[99] (Regulamento de Operações e Procedimentos Operacionais) [100].

ção horizontal, que se processa pela fusão ou integração das instituições operando em cada atividade da cadeia de valor". LOPES. Clearing..., 2002. p. 54. Além da BM&FBOVESPA, o Grupo Deutsche Börse, na Alemanha, e a Borsa Italiana e Monte Titoli (do grupo da London Stock Exchange), na Itália, são exemplos de consolidação vertical. No caso da consolidação horizontal, temos o DTCC Group nos Estados Unidos que responde por toda a pós-negociação no mercado americano por meio da DTC e NSCC e o grupo Euroclear que atua na liquidação e serviços de central depositária no Reino Unido, França, Holanda e Bélgica.

[97] Vide item 3.10 do Regulamento de Operações da CBLC:

"3.10 – CBLC: é a câmara da BM&FBOVESPA que presta, em caráter principal, serviços de compensação, liquidação e gerenciamento de Risco de Operações do Segmento BOVESPA. Também é responsável pela prestação de serviços de custódia e de central depositária para os ativos negociados no Segmento BOVESPA"

[98] Para fins didáticos, quando estivermos nos referindo à BM&FBOVESPA como câmara de compensação de ações ou outros valores mobiliários utilizaremos o termo CBLC, da forma como a própria bolsa fez em seu regulamento (vide nota acima). Frisamos que são atividades desempenhadas pela mesma pessoa jurídica, a BM&FBOVESPA S/A.

[99] As bolsas e as entidades de compensação e liquidação de operações com valores mobiliários são dotadas de poder de autorregulação, ou seja, podem criar normas, fiscalizar seu cumprimento e aplicar penalidades dentro dos limites da lei e da regulação estatal, neste caso atribuída à CVM. O fundamento da autorregulação de tais pessoas jurídicas é o art. 17, § 1º da Lei 6.385.

[100] Neste caso, o REGULAMENTO DE OPERAÇÕES DA CÂMARA DE COMPENSAÇÃO, LIQUIDAÇÃO E GERENCIAMENTO DE RISCOS DE OPERAÇÕES NO SEGMENTO BOVESPA, E DA CENTRAL DEPOSITÁRIA DE ATIVOS (CBLC). Disponível em: <http:// www.bmfbovespa.com.br/pt-br/regulacao/download/RO-CBLC-Completo-110308-Em--vigor.pdf>. Acesso em: jan. 2012 e PROCEDIMENTOS OPERACIONAIS DA CÂMARA

A PÓS-NEGOCIAÇÃO DE VALORES MOBILIÁRIOS

O relacionamento da CBLC, no exercício de suas atividades, é com os participantes de mercado admitidos pela CBLC, denominados agentes de compensação, que, por sua vez, tem seus clientes. Desta forma, os investidores finais, comitentes nos negócios realizados no ambiente de negociação, não tem acesso direto à CBLC; necessariamente valem-se de um agente de compensação para entregar garantias, receber ativos e recursos financeiros. Assim como, na fase de negociação, os investidores acessam os sistemas da BM&FBOVESPA por meio de suas corretoras ou distribuidoras, denominadas participantes de mercado (pessoas autorizadas a operar), na fase de pós-negociação, a interface com a BM&FBOVESPA é feita por meio do agente de compensação (na fase de *clearing*) e com o agente de custódia (para efeito de entrega e recebimento de ativos), que é o veículo de acesso para a BM&FBOVESPA na qualidade de depositário central[101]. Na prática, a mesma instituição, por exemplo, uma corretora, atua como participante de mercado na negociação, agente de compensação e de custódia na pós-negociação. Entretanto, por se tratarem de etapas e atividades distintas, com direitos e responsabilidades próprias, a nomenclatura é diferente para cada caso. Esta estrutura de relacionamento na pós-negociação da CBLC com os agentes e destes com seus clientes (investidores finais) é denominada cadeia de responsabilidades[102].

Merece frisar que a CBLC integra o Sistema de Pagamentos Brasileiro (SPB)[103], sendo a câmara de compensação e liquidação de operações com títulos e valores mobiliários prevista no inciso III do parágrafo único do artigo 2º da Lei 10.214, de 27 de março de 2001, (Lei 10.214/01). A inclusão da CBLC no rol de *Clearing Houses* do SPB gera consequências, trazendo

---

DE COMPENSAÇÃO, LIQUIDAÇÃO E GERENCIAMENTO DE RISCOS DE OPERAÇÕES NO SEGMENTO BOVESPA, E DA CENTRAL DEPOSITÁRIA DE ATIVOS (CBLC). Disponível em: <http://www.bmfbovespa.com.br/pt-br/regulacao/download/MPO-CBLC-Completo-110318-Em-vigor.pdf>. Acesso em: jan. 2012.

[101] Vale ressaltar que, apesar do investidor final ser cliente da corretora, na qualidade de agente de custódia, a CBLC como depositário central tem este cliente identificado com seus ativos registrados em conta em seu nome sob o agente de custódia, por isso a CBLC é classificada como um depositário central transparente.

[102] Vide Título VI, Capítulo I do Regulamento de Operações.

[103] A definição de SPB está no artigo 2º da Lei 10.214/01: "O sistema de pagamentos brasileiro de que trata esta Lei compreende as entidades, os sistemas e os procedimentos relacionados com a transferência de fundos e de outros ativos financeiros, ou com o processamento, a compensação e a liquidação de pagamentos em qualquer de suas formas.".

ASPETOS JURÍDICOS DA PÓS-NEGOCIAÇÃO DE AÇÕES

direitos e obrigações para a CBLC e demais câmaras inseridas no SPB por serem sistemicamente importantes[104], que, por se ocuparem da liquidação de operações que, potencialmente, podem desencadear risco sistêmico devem funcionar como polos de gestão e de contenção de risco[105].

No que tange as atividades das *Clearing Houses*, a Lei 10.214/01:

a. admite a compensação multilateral das obrigações no âmbito de uma mesma câmara[106], sendo esta modalidade de compensação definida como "o procedimento destinado à apuração da soma dos resultados bilaterais devedores e credores de cada participante em relação aos demais" [107];

b. determina às câmaras de compensação classificadas como sistemicamente importantes (aquelas em cujos sistemas em que operem a liquidação, o volume e natureza dos negócios sejam capazes de oferecer risco à solidez e ao normal funcionamento do sistema financeiro)[108], que:

(i) em relação a cada participante, assumam a posição de parte contratante, para fins de liquidação das obrigações[109];

(ii) contem com mecanismos de salvaguardas (exigências de garantias, regras para compartilhamento de perdas, execução direta de

---

[104] Vide artigo 3º, XXIII do Regulamento anexo à Circular 3.057 de 31.08.2001 do Banco Central do Brasil:
"Art. 3º (...)
XXIII - sistema sistemicamente importante: sistema de liquidação em que o volume ou a natureza dos negócios, a critério do Banco Central do Brasil, é capaz de oferecer risco à solidez e ao normal funcionamento do Sistema Financeiro Nacional."

[105] "As câmaras especializadas na liquidação e compensação das operações oferecem uma solução eficaz na diminuição dos custos de transação das operações realizadas em *sistemas sistemicamente importantes*." SOUZA JUNIOR, Comentários aos Artigos 193 e 194. In: *Comentários à Lei de Recuperação de Empresas e Falência: Lei 11.101/2005*. SOUZA JUNIOR, Francisco Satiro; PITOMBO, Antônio Sérgio A. de Moraes. (Coord.). 2. ed. rev., atual. e ampl. São Paulo: Revista dos Tribunais, 2007. p. 618.

[106] Art. 3º da Lei 10.214/01.

[107] Art. 3º, § único da Lei 10.214/01.

[108] Além da Lei 10.214/01, vide art. 8º do Regulamento anexo à Circular 3.057 de 31/08/01 alterado pelo Circular 3.437 de 13.02.09.

[109] Art. 4º caput da Lei 10.214/01.

A PÓS-NEGOCIAÇÃO DE VALORES MOBILIÁRIOS

ativos em custódia) que assegurem a certeza de liquidação das operações[110];

(iii) segreguem patrimônio especial (patrimônio de afetação) para, exclusivamente, garantir a liquidação das obrigações existentes no sistema sob sua responsabilidade[111];

c. dispõe que os bens que constituem o patrimônio de afetação da câmara e os bens oferecidos em garantia pelos participantes no sistema da câmara são impenhoráveis e nem podem sofrer qualquer tipo de constrição judicial, exceto se para cumprir obrigações da câmara assumida por ser contraparte nos termos determinados pela lei[112]; e

d. assegura que os regimes de falência, liquidação extrajudicial e intervenção a que forem submetidos participantes da câmara não afetarão o adimplemento das obrigações assumidas no âmbito desta[113] [114].

Por força da Lei 10.214/01, temos que a CBLC é obrigada a assumir a posição de contraparte central e, assim, assegurar o cumprimento das obrigações decorrentes dos negócios, fruto das ofertas inseridas no sistema de negociação, que foram registrados e aceitos[115]. A CBLC procederá à com-

---

[110] Art. 4º, §§ 2º e 3º da Lei 10.214/01.

[111] Art. 5º da Lei 10.214/01.

[112] Art. 6º da Lei 10.214/01.

[113] Art. 7º da Lei 10.214/01.

[114] No mesmo sentido e complementando esta regra, vide arts. 193 e 194 da Lei 11.101, de 09 de fevereiro de 2005.

[115] Conforme descrito no Regulamento de Operações da CBLC, item 62, esta registra as operações realizadas no sistema de negociação, no momento do envio pelo sistema de negociação das informações relativas às operações. Se as operações registradas atenderem aos critérios determinados nos Procedimentos Operacionais da CBLC com relação ao ativo, preço, quantidade, limites operacionais, prazos e horários, a CBLC aceitará para liquidação a operação (item 63 do Regulamento de Operações). A descrição, sobretudo nos Procedimentos Operacionais corrobora a posição doutrinária comentada na nota nº 77, ou seja, se que os contratos já nascem com a CBLC como contraparte e não que ocorreria um primeiro contrato a ser novado e desdobrado em dois. Seguem transcrições relevantes dos Procedimentos Operacionais: "O registro das Operações na CBLC ocorre em tempo real no momento em que a CBLC recebe dos Sistemas de Negociação, as informações relativas às Operações realizadas. (...)

ASPETOS JURÍDICOS DA PÓS-NEGOCIAÇÃO DE AÇÕES

pensação e liquidação, agindo como uma câmara de liquidação diferida líquida (câmara LDL) [116]

Ao analisarmos o Regulamento de Operações da CBLC, verifica-se que todas as exigências feitas pela Lei 10.214/01 são cumpridas, pois a CBLC conta com patrimônio especial segregado para assegurar exclusivamente a liquidação de operações em que atua como contraparte central[117], conta

O processo de Aceitação compreende três etapas que ocorrem de forma sequencial. Na primeira etapa ocorre a verificação dos parâmetros de Aceitação nos Sistemas de Negociação. A verificação destes parâmetros é condição necessária para o fechamento das Operações e seu registro nos Sistemas de Negociação. Na segunda etapa, a CBLC recebe em tempo real dos Sistemas de Negociação as informações sobre todas as Operações registradas. Na terceira, com base nas informações recebidas dos Sistemas de Negociação, a CBLC disponibiliza aos Agentes de Compensação a relação das Operações aceitas uma a uma sem que haja enfileiramento de mensagens, quando for o caso.

O momento da Aceitação das Operações pela CBLC, procedimento pelo qual a CBLC assume a posição de Contraparte Central perante os Agentes de Compensação, corresponde à terceira e última etapa do processo de Aceitação na qual a CBLC disponibiliza, aos Agentes de Compensação, as Operações aceitas."

De qualquer forma, vale frisar que é uma questão de entendimento e interpretação.

[116] Liquidação Líquida Diferida (LDL) ou *Deferred Net Settlement* (DNS) é um tipo de sistema de liquidação onde, dentro do sistema, são apurados saldos líquidos de ativos e de recursos financeiros, com o saldo final, seja a crédito ou débito, de cada participante, são efetuados os lançamentos para a efetiva liquidação mediante pagamento ou recebimento do saldo final apurado. Os sistemas LDL existem em contraposição ao sistema LBTR – Liquidação Bruta em Tempo Real ou RTGS – *Real Time Gross Settlement* onde dada operação é individualmente liquidada em tempo real, sem que haja apuração de saldo final. O sistema de reservas bancárias do Banco Central do Brasil opera na modalidade RTGS desde a estruturação do Sistema de Pagamentos Brasileiro. Desta forma, no caso da CBLC, a CBLC apura os saldos líquidos de recursos financeiros e de ativos e procede a liquidação definitiva traves do STR para o saldo financeiro e no sistemas/registros da central depositária para os ativos. Vide BANCO DAS COMPENSAÇÕES INTERNACIONAIS (BIS). *Real Time Gross Settlement Systems Report.* mar. de 1997. Disponível em: <http://www.bis.org/publ/cpss22.pdf> e em <http://www.bcb.gov.br/htms/spb/LBTR.pdf>. Acesso em: dez. 2011.

[117] Item 98 do Regulamento de Operações:

"98 A BM&FBOVESPA separará Patrimônio Especial, nos termos da legislação em vigor, necessário a garantir exclusivamente o cumprimento das obrigações decorrentes de sua atuação como Contraparte Central garantidora.

98.1 Os frutos e rendimentos do Patrimônio Especial, deduzidos os respectivos encargos, serão a ele incorporados."

A referida segregação está assegurada no Estatuto Social da BM&FBOVESPA em seu art. 55, § 1º.

A PÓS-NEGOCIAÇÃO DE VALORES MOBILIÁRIOS

com um fundo de liquidação[118] e possui estrutura de gerenciamento de riscos com coleta e administração de garantias[119].

A assunção de posição de parte contratante em relação a todos os participantes, faz com que, ao atuar como contraparte central, a CBLC possa proceder à compensação multilateral dos direitos e obrigações de seus participantes, que consiste em etapa preparatória para a liquidação definitiva das operações. A liquidação definitiva ocorre com a transferência de recursos financeiros no Sistema de Transferência de Reservas do Banco Central do Brasil (STR) [120] e a correspondente transferência de valores mobiliários para os respectivos credores líquidos.

Ressaltamos que a compensação é uma forma de extinção de obrigações prevista no artigo 368 do Código Civil e efetua-se entre dívidas líquidas, vencidas e de coisas fungíveis[121]. Por outro lado, a Lei 10.214/01, admite a compensação multilateral de obrigações, que consiste em apurar a soma de resultados devedores e credores para cada participante em relação aos demais no âmbito de cada *Clearing House*[122], objetivando a liquidação pelo saldo líquido[123]. Considerando que a liquidação se dá na data de liquida-

---

[118] Itens 174 a 176 do Regulamento de Operações:
"174. A CBLC manterá um único Fundo de Liquidação como mecanismo de gerenciamento dos riscos de crédito e liquidez aos quais ela, na condição de Contraparte Central, está exposta nos Mercados para os quais presta serviço.
175. O Fundo de Liquidação da CBLC não terá personalidade jurídica ou fins lucrativos.
176. O Fundo de Liquidação será composto por Ativos entregues pela BM&FBOVESPA e pelos Agentes de Compensação para depósito em Conta de Garantia da BM&FBOVESPA mantida junto ao SELIC, ao seu Serviço de Depositária e em outras Depositárias."
[119] Descrito no Capítulo IV do Título IV do Regulamento de Operações.
[120] A CBLC, assim como as demais Câmaras sistemicamente relevantes, possui acesso ao STR do BACEN para proceder à liquidação. A conta da CBLC é uma conta de liquidação no STR, mas que assegura que os lançamentos efetuados são em tempo real e irrevogáveis, além de serem feitos diretamente em moeda no banco central (*i.e. central bank money*).
[121] Art. 369 do Código Civil.
[122] Vide a definição de compensação multilateral dada pelo Regulamento anexo à Circular BACEN nº 3.057 de 31 de agosto de 2001: "compensação multilateral: procedimento destinado à apuração da soma dos resultados bilaterais devedores e credores de cada participante em relação aos demais. **O resultado da compensação multilateral também corresponde ao resultado de cada participante em relação à câmara ou prestador de serviços de compensação e de liquidação que assuma a posição de parte contratante para fins de liquidação das obrigações, realizada por seu intermédio**" (grifo nosso)
[123] O cálculo desta posição consolidada requer a compensação de débitos e créditos de cada investidor contra a *clearing*. Assim, ao final haverá um saldo devedor ou credor de cada de

ASPETOS JURÍDICOS DA PÓS-NEGOCIAÇÃO DE AÇÕES

ção e que a compensação, por meio da *Clearing House*, visa administrar os riscos que surgem no intervalo de liquidação, vemos que a compensação multilateral da Lei 10.214/01, por se referir às obrigações, é anterior ao vencimento; refere-se a obrigações vincendas, por isso constitui, efetivamente, uma ferramenta de redução de risco de crédito e de liquidez e faz sentido em um ambiente de liquidação diferida líquida[124]. As regras da Lei 10.214/01, aliadas às normas da CBLC[125], permitem um alto grau de mitigação de risco por permitir a compensação dos negócios (*trade netting* ou *exposure netting*), diminuindo a exposição a risco de crédito durante o intervalo de liquidação e viabilizando a compensação por apuração de um valor final para liquidação mediante um lançamento em reservas ban-

participante contra a *clearing*.

[124] No momento determinado, haverá os lançamentos por valores líquidos finais em ativos e em recursos financeiros e estes são efetuados de maneira final e irrevogável, sendo os lançamentos em recursos financeiros feitos em reservas bancárias (*central bank money*).

[125] Item 66 e subitens 66.1 e 66.2, item 74 e item 75 com subitens 75.1, 75.1.1 e 75.1.2 do Regulamento de Operações:

"(...)

66 A CBLC, na qualidade de Contraparte Central garantidora da Liquidação de Operações por ela aceitas, observará regras operacionais que permitam, entre outros procedimentos:

66.1 a **Compensação multilateral dos direitos e obrigações** dos Agentes de Compensação; o mesmo processo será observado em relação aos demais elos da cadeia de responsabilidades;

66.2 a **Liquidação definitiva** de Operações com os Agentes de Compensação no momento em que, de forma simultânea e em caráter irrevogável e incondicional, são efetuadas **a transferência de recursos financeiros no STR e a transferência de Ativos no seu Serviço de Depositária** ou em outras Depositárias, para os respectivos **credores líquidos**;

(...)

74 Os Agentes de Compensação **devedores líquidos** em recursos financeiros deverão efetuar seus Pagamentos, por meio de seus Liquidantes, mediante débito nas respectivas Contas Reservas Bancárias ou Contas de Liquidação e crédito na Conta de Liquidação da CBLC no STR.

(...)

75.1 a CBLC, ao encerramento do horário de sua Janela de Liquidação no STR, coordenará a Entrega contra o Pagamento de forma simultânea, irrevogável, incondicional e definitiva, com a sincronização da movimentação de Ativos e recursos financeiros, observado o seguinte:

75.1.1 a CBLC efetuará os **Pagamentos mediante débito na sua Conta de Liquidação no STR e crédito aos Agentes de Compensação credores líquidos em recursos financeiros** nas Contas Reservas Bancárias ou Contas de Liquidação dos seus respectivos Liquidantes; e

75.1.2 a CBLC efetuará as **Entregas mediante débito na sua Conta de Liquidação em Ativos no seu Serviço de Depositária ou em outras depositárias e crédito aos Agentes de Compensação credores líquidos** em Ativos." (*grifos nossos*)

A PÓS-NEGOCIAÇÃO DE VALORES MOBILIÁRIOS

cárias e em ativos, considerando cada tipo de ativo, na data de liquidação (*settlement netting*).

Uma vez superada a compensação multilateral, com a apuração dos saldos líquidos para a liquidação, ou seja, encerrada a fase de *clearing*, passa-se à liquidação em si (*settlement*), onde haverá, então, a entrega e pagamento efetuados pela CBLC de forma sincronizada; consistindo em uma Entrega contra Pagamento modelo 3^{126}, compatível com uma câmara de liquidação líquida diferida[127]

3.2. DEPOSITÁRIO CENTRAL DE VALORES MOBILIÁRIOS E CUSTODIANTE

Como já exposto, o sistema jurídico e o mercado de capitais brasileiros já acolheram a desmaterialização dos valores mobiliários. Hoje, as ações e debêntures, praticamente em sua totalidade, existem e circulam de forma desmaterializada, escritural. Como é sabido, os valores mobiliários escriturais são condição essencial e pressuposto para a edificação de um sistema eletrônico de liquidação de valores mobiliários. Verificamos que o mercado brasileiro possui embasamento jurídico claro e sólido para a existência de valores mobiliários escriturais e compatível com o desenvolvimento tecnológico e estrutural das instituições participantes do mercado de capitais.

Com relação às ações, obrigatoriamente, devem ter forma nominativa, por força da Lei 8.021/90, e as ações escriturais foram amplamente aceitas pelos emissores e pelo mercado.

Em se tratando de ações, no mercado brasileiro até a presente data, cabe à BM&FBOVESPA, além de manter o único sistema eletrônico de negocia-

---

[126] Entrega Contra Pagamento Modelo 3: sistemas que liquidam instruções de transferência de títulos e de fundos em bases líquidas, com as transferências definitivas de títulos e de fundos ocorrendo ao final do ciclo de processamento. BIS. *Delivery...*, 1992.

[127] A CBLC é uma câmara de Liquidação diferida líquida (LDL) que segue o padrão Lamfalussy. Logo, o fato de ser Entrega contra Pagamento (DVP) modelo 3 não implica risco. Na verdade, atribui-se cumprir com o padrão Lamfalussy quando a recomendação IV do Relatório Lamfalussy é observada: "Multilateral netting systems should, at a minimum, be capable of ensuring the timely completion of daily settlements in the event of an inability to settle by the participant with the largest single net-debit position." BANCO DAS COMPENSAÇÕES INTERNACIONAIS (BIS). *Report of the Committee on Interbank Netting Schemes of the Central Banks of the Group of Ten Countries*. nov. de 1990. Disponível em: < http://www.bis.org/publ/cpss04.pdf >. Acesso em: jan. 2012

ASPETOS JURÍDICOS DA PÓS-NEGOCIAÇÃO DE AÇÕES

ção de ações[128], ser o depositário central. Desta forma, a BM&FBOVESPA, como já dito, além de ser ambiente de negociação é sistema de liquidação de valores mobiliários e depositário central do mercado brasileiro de ações.

A atuação da BM&FBOVESPA como depositário central é regida pelo Regulamento de Operações da CBLC. Apesar de ser atividade da própria BM&FBOVESPA, quando esta estiver atuando na qualidade de depositário central, será utilizada a denominação CBLC[129], de forma análoga quando as atividades de *clearing* foram tratadas.

Como atualmente não há mais valores mobiliários ao portador no Brasil, e as ações nominativas representadas por certificados, ao menos no caso das companhias abertas, não são usadas de forma corrente, não há o que se falar em imobilização, havendo, na prática do mercado brasileiro atual, a desmaterialização.

Entretanto, a desmaterialização, segundo a ordenação pátria, é uma opção da companhia emissora que pode escolher se valer da forma de ações escriturais, conforme lhe faculta o artigo 34 da Lei 6.404/76.

Havendo opção estatuária pelas ações escriturais, a companhia emissora deverá contratar uma instituição financeira autorizada pela CVM para a prestação de tal serviço. Vale lembrar que, diferente do ocorrido na legislação de outros países, a previsão de ações escriturais no Brasil não veio atrelada à criação de uma estrutura de depósito coletivo de valores mobiliários ou com a estruturação de sistema eletrônico de liquidação. Como já dissemos, a ideia era deixar a opção para a companhia emissora, considerando que a opção pela forma escritural traz redução de custos por não se fazer necessária emissão ou impressão de certificados e afastando risco de falsificações documentais envolvendo certificados e termos de transferência.

As instituições financeiras que desejem prestar serviço de ações escriturais para companhias devem obter autorização na CVM, consoante a Instrução CVM nº 89, de 08 de novembro de 1988, com alterações posteriores ("Instrução CVM 89")[130], que disciplina a autorização para presta-

---

[128] Tanto mercado de bolsa como mercado de balcão organizado.

[129] Novamente, em consonância com o que faz a própria BM&FBOVESPA em seus documentos.

[130] Esta instrução deverá ser, em breve, revogada porque a CVM divulgou Edital de Audiência Pública (Edital de Audiência Pública SDM nº 06/2013 de 26/06/2013 com prazo para comentário até 10/09/13) para, entre outros, rever a ICVM 89 e criar novas regras para escrituradores.

ção de serviços de ações escriturais, de custódia de valores mobiliários e de agente emissor de certificados.

Neste panorama, caso uma companhia decida, em seus estatutos, pela forma de ações escriturais, esta deverá contratar uma instituição autorizada pela CVM, o "escriturador", para que esta instituição passe a fazer o controle e registro das ações. Com isso, os registros do escriturador serão o livro de registro dos acionistas[131]. A identificação de cada acionista, obrigatória por se tratar de ação nominativa, com a quantidade de ações de sua propriedade, será feita por meio da conta de ações escriturais aberta em nome do acionista junto ao escriturador. Assim, a quantidade creditada de ações da companhia emissora na conta do acionista equivale à sua parcela de participação no capital social da emissora e o legitima para o exercício de seus direitos. Na hipótese de venda de participação acionária do acionista, este deve solicitar que a quantidade correspondente às ações vendidas seja transferida para o acionista comprador. Caso o comprador já seja acionista também, basta a redução, mediante débito, da quantidade de ações na conta de ações escriturais do vendedor e o crédito correspondente na conta de ações escriturais do comprador; se envolver um novo acionista como o comprador, antes é aberta uma conta de ações escriturais para este novo acionista no escriturador para, então, receber o crédito das ações que adquiriu[132].

Seguindo referências anteriores, o funcionamento de um sistema eletrônico de liquidação de operações com valores mobiliários pressupõe a existência de ações escriturais e, também, a sua centralização para que a liquidação dos negócios jurídicos possa ocorrer de forma ágil, segura e eficiente. O requisto da existência de ações escriturais, com já dito acima, foi atingido no mercado brasileiro. Entretanto, é preciso haver a centralização, pois, do contrário, a entrega de ações vendidas implicaria a solicitação de transferência nos registros de ações escriturais do escriturador de cada companhia emissora, isso traria riscos e atrasos. A solução para a operacionalização de um depositário central de ações nominativas veio com a Instrução CVM nº 115, de 11 de abril de 1990 (Instrução CVM 115)[133], solução que foi, posteriormente, reconhecida na Lei 6.404/76. Assim, na

---

[131]   Art. 100, § 2º da Lei 6.404.

[132]   Como já dito anteriormente, deve ser observado o art. 103 da Lei 6.404.

[133]   A ICVM 115 também é objeto do edital de audiência pública referido na nota 130 acima e deverá ser substituída em breve por outra norma regulamentar.

ASPETOS JURÍDICOS DA PÓS-NEGOCIAÇÃO DE AÇÕES

nossa ordenação jurídica, o fundamento para o modelo vigente de atuação de depositário central reside no artigo 41 da Lei 6.404/76 com a redação dada pela Lei nº 10.303 de 31 de outubro de 2001, que criou[134] a "custódia fungível" de ações, prevendo que a instituição prestadora de serviço de custódia de ações fungível, referida na lei como instituição depositária, adquire a propriedade fiduciária sobre as ações e delas não pode dispor, ficando obrigada a devolver a quantidade de ações recebidas com as modificações resultantes[135 136 137].

[134] Talvez melhor que dizer criou, seria dizer que a lei reconheceu, pois a lei, nada mais fez, que reconhecer e dar suporte legal (de lei em sentido estrito), contribuindo para a segurança jurídica, a prática e usos do mercado já em uso e reconhecidos pela CVM desde a edição da Instrução CVM 115 de 11 de abril de 1990.

[135] "A lei 10.303/2001, incorporando os usos e costumes comerciais, reformulou o instituto da custódia, que agora passa a basear-se na transferência da *propriedade fiduciária* dos valores mobiliários depositados à instituição custodiante". CARVALHOSA, Modesto; EIZIRIK, Nelson. *A Nova Lei das S/A*. São Paulo: Saraiva, 2002. p. 132.

[136] "De importância também esclarecer que o ordenamento jurídico brasileiro admite várias espécies de propriedade fiduciária, cada uma sob um regime jurídico distinto (ainda que muitas vezes semelhantes). Assim, há propriedades fiduciárias que possuem a finalidade de garantia e há outras que não a possuem. A propriedade fiduciária concedida no fideicomisso (art. 1.951, do CC/2002 e seguintes) e a propriedade fiduciária concedida às instituições administradoras de fundos de investimento imobiliário (art. 7º da Lei 8.668/93) possuem, por exemplo, a finalidade de permitir a administração de bens por terceiros. Já a propriedade fiduciária concedida a instituições custodiantes de ações fungíveis (art. 41, da Lei 6.404/76) tem como causa a constituição de um depósito." NOGUEIRA, André Carvalho. Propriedade fiduciária em garantia: o sistema dicotômico da propriedade no Brasil. *Revista de Direito Bancário e do Mercado de Capitais*, v. 39, pag. 63.

[137] Novamente, fazemos referencia a CARVALHOSA e EIZIRIK: "A alteração do art. 41 da lei societária modifica a natureza da custódia de ações fungíveis, que passa a ter características híbridas de *propriedade fiduciária* das ações custodiadas e de *depósito*, mantendo-se o *regime de indisponibilidade* das ações custodiadas." CARVALHOSA e EIZIRIK. *A Nova Lei...*, 2002, p. 124. Segundo estes autores, antes da alteração no art. 41 da Lei 6.404, a custódia era caracterizada como um depósito voluntário e regular, já que não havia como a instituição depositária dispor das ações recebidas. Este entendimento não era unânime na doutrina. Havia entendimento de que se tratava de depósito irregular, por se referir ao depósito de uma massa de valores equivalentes, ou seja, a fungibilidade do objeto determina ser depósito irregular. O fato de haver uma disposição legal que impeça a instituição de dispor não afeta a natureza do depósito e nem a fungibilidade. Nesta linha, a instituição depositária deve manter sob sua guarda uma quantidade de ações equivalente àquela que recebeu dos diversos depositantes, mas uma vez juntos sob sua responsabilidade, se precisar devolver (isto fica claro se fossem nominativos com certificados ou ao portador) pode fazer com qualquer título independente do número de ordem. Nesta linha, temos Mauro Brandão Lopes, citado em decisão da CVM

A PÓS-NEGOCIAÇÃO DE VALORES MOBILIÁRIOS

Nos termos previstos no artigo 41 da Lei 6.404/76 e da Instrução CVM 115, foi criada a possibilidade de custódia coletiva de ações como valores fungíveis[138], em que as ações são fungibilizadas apenas para efeito de depósito em custódia, sendo mantidas suas demais características[139] [140].

Por força da lei e da regulamentação, a titularidade das ações é transferida para o depositário central (*i.e.* a instituição depositária na terminologia do art. 41 da Lei 6.404/76), que exercerá, para os fins específicos e determinados de guarda, conservação e exercício de direitos, a propriedade fiduciária das ações recebidas em depósito, tratando-se, assim, de proprie-

---

no Inquérito Administrativo CVM nº 01/79, p. 54. Já Egberto Lacerda Teixeira e José Alexandre Tavares Guerreiro se manifestaram no sentido de que se trata de contrato híbrido por ter característica de deposito regular (proibição de disposição das ações) e irregular (a fungibilidade do objeto). Este entendimento está expresso em TEIXEIRA e GUERREIRO. *Das Sociedades...*, 1979, p. 318.

[138] "Uma ação ordinária nominativa é perfeitamente substituível por outra ação ordinária nominativa, não havendo, por conseguinte, qualquer diferença de cotação entre valores mobiliários da mesma espécie, classe e forma no mercado de capitais. Sem dúvida, na generalidade dos casos, essa fungibilidade é meramente econômica e não jurídica, pois cada título costuma ser individuado por um número de ordem (veja-se no que se refere às ações de companhias, o disposto no art. 24, V da Lei nº 6.404). Nada impede, porém, que a fungibilidade jurídica seja instituída pela lei ou pactuada pelas partes, como ocorre na custódia de ações fungíveis, criada pela atual lei se sociedades por ações (art. 41 e 42)." COMPARATO. *Novos Ensaios...*, 1981, p. 18

[139] Seguem palavras elucidativas do Prof. Luiz Gastão Paes de Barros Leães que podem, na essência, ser aplicadas às ações escriturais também com as devidas adaptações: "... já as ações nominativas e endossáveis se revestem de natureza infungível, posto que pressupõem, a todo momento, uma clara identidade do titular no teor literal do documento, assim como no livro de registro respectivo da sociedade emitente. **Todas, no entanto, podem ser consideradas fungíveis ou fungibilizadas para efeito exclusivo da custódia, dado o enunciado genérico do art. 41, sendo que o custodiante** (sejam as ações dadas em custódia ao portador, nominativas ou endossáveis) não frui, em nenhuma hipótese, dos atributos da propriedade da coisa depositada (como ocorreria no regime comum do depósito irregular de coisas fungíveis), mas exerce os poderes relativos à guarda e á administração da coisa depositada." (grifo nosso) LEÃES. *Estudos...*, 1989, p. 43.

[140] Hoje, considerando a realidade e a pratica dominante, as ações são efetivamente bens móveis fungíveis e todas as ações de mesmo tipo e classe são fungíveis entre si; perdeu o espaço e sentido discutir se a existência de número de ordem afeta a fungibilidade, pois não afeta, como expôs o professor Comparato em transição em nota anterior. Aliás, como diz Amadeu José Ferreira em obra já citada, a "fungibilidade é, pois, inerente à inscrição em conta. Com efeito, não é possível inscrever na mesma conta valores mobiliários fungíveis e infungíveis, pois, deixariam de poder ser referidos a uma determinada quantidade e desaparecendo a importante função desempenhada pelo saldo em conta.". FERREIRA, A. *Valores...*, 1997, p. 167.

ASPETOS JURÍDICOS DA PÓS-NEGOCIAÇÃO DE AÇÕES

dade limitada e resolúvel[141]. O que ocorreu foi um desmembramento da propriedade: o proprietário fiduciário (instituição depositária) é titular de parcela do domínio, a fim de poder exercer em nome do beneficiário (o acionista) os direitos inerentes às ações recebidas em depósito; o acionista permanece com a parcela restante do domínio, como, por exemplo, o direito de dispor das ações e o direito a voto.

A propriedade fiduciária referida no art. 41 da Lei 6.404/76 foi analisada com precisão por José Alexandre Tavares Guerreiros que ensina:

> a propriedade fiduciária de ações foi instituída por força da nova redação que se deu ao art. 41 da Lei das Sociedades por Ações, visando a disciplina dos serviços de custódia de ações fungíveis. Não se trata, portanto, de propriedade fiduciária em sentido amplo, mas de modalidade adstrita unicamente à prestação de tias serviços, que incumbem às instituições autorizadas pela CVM."[142]

Contextualizado, no mercado de capitais brasileiro, existe, então, a seguinte situação, já colocando a questão em termos práticos, segundo as regras vigentes emanadas da CBLC em seu Regulamento de Operações:

a. uma sociedade corretora ou outra instituição financeira autorizada pela CVM a prestar serviços de custódia e que seja aceita pela CBLC como agente de custódia celebra com a CBLC um Contrato de Prestação de Serviços de Custódia de Ativos. Vale lembrar que nos termos da cadeia de responsabilidades prevista no Regulamento de Operações da CBLC, esta se relacionará exclusivamente com o agente de custódia;

b. o agente de custódia, a seu turno, deve celebrar um Contrato de Prestação de Serviços de Custódia de Ativos com seu cliente, con-

---

[141] É resolúvel porque o investidor pode rescindir a qualquer tempo o contrato com a instituição depositária, conforme previsto no art. 4º da Instrução CVM 115 e art. 41, § 1º da Lei 6.404. A propriedade fiduciária de ações ora em questão é aquela propriedade resolúvel prevista no art. 1.360 do Código Civil. Apesar do termo fiduciário empregado na Lei 6.404/76 não se trata da modalidade do art. 1.361 pois não envolve garantia ou direito real de garantia.

[142] GUERREIRO, José Alexandre Tavares. *Propriedade Fiduciária de Ações.* In: Reforma da lei das sociedades anônimas: inovações e questões controvertidas da lei 10.303, de 31.10.2001. LOBO, Jorge. (Coord.). 1.ed. Rio de Janeiro: Forense, 2002. p. 51.

A PÓS-NEGOCIAÇÃO DE VALORES MOBILIÁRIOS

templando as cláusulas mínimas estipuladas no Regulamento de Operações;

c. a pedido do agente de custódia, após a formalização do vínculo contratual, a CBLC abrirá conta individualizada em nome do investidor ou cliente do agente de custódia, mas a movimentação, depósito e retirada de ativos da conta de custódia é feita exclusivamente pelo agente de custódia.

No regime da custódia de ações fungíveis, as ações, tanto da carteira própria de instituição financeira habilitada como agente de custódia quanto as ações de seus clientes, serão transferidas fiduciariamente para a *Clearing House*.

A *Clearing House* exercerá a propriedade fiduciária dessas ações nos termos dos artigos 41 e 42 da Lei 6.404/76. Portanto, no regime previsto na legislação brasileira, a propriedade fiduciária e as obrigações do proprietário fiduciário decorrem de prescrição legal que vedam o abuso e delimitam seus poderes. Desta feita, não há espaço para termos quebra de valores fiduciários calcados em confiança, pois, o que existe é cumprimento de normas legais[143].

A operacionalização de tal transferência de propriedade fiduciária se dá com a anotação da BM&FBOVESPA, na qualidade de proprietária fiduciária, nos registros de acionistas da companhia emissora. Entretanto, esta não pode dispor das ações e nem exercer o direito a voto, salvo se expressamente autorizada.

No caso do mercado brasileiro, a instituição responsável pela liquidação das operações com ações é, também, o depositário central (sistema de liquidação de valores mobiliários e depositário central se confundem, havendo toda a pós-negociação a cargo da mesma instituição). Assim, a liquidação das operações com ações é ágil e segura, possibilitando a entrega sincronizada com pagamento, e a entrega pode ser definitiva, pois o lançamento escritural efetuado pelo depositário central, na data de liquidação da operação, atribui propriedade sobre as ações para o comprador (ou o beneficiário do crédito de ações).

Explicando, na prática, os negócios em bolsa são liquidados com a transferência de propriedade entre os compradores e vendedores efetuada por

---

[143] GUERREIRO. Propriedade..., 2002, p. 53.

meio de lançamentos a débito e crédito nas contas de ativos mantidas no depositário central, sem haver alteração na conta de ações escriturais no escriturador. O escriturador altera seu registro ao atribuir a propriedade fiduciária para o depositário central (exclui o nome do acionista e insere o depositário central como proprietário fiduciário)[144] e este credita a quantidade que recebeu deste acionista na conta mantida em seu nome nos seus sistemas e aberta a pedido do agente de custódia do qual o investidor é cliente[145]. Desta forma, a cada negócio ocorrido, o escriturador não é informado e nem precisa fazer qualquer registro, pois nas contas sob sua responsabilidade há um total de ações atribuídas ao depositário central. Para se conhecer os respectivos acionistas é preciso verificar as posições do depositário central, pois, nas contas ali criadas, se identificam os acionistas e quantidade de ações. Neste sentido, vide o artigo 31 da Lei 6.404/76, que dispõe que "a propriedade das ações nominativas presume-se pela inscrição do nome do acionista no livro de 'Registro de Ações Nominativas' **ou pelo extrato que seja fornecido pela instituição custodiante, na qualidade de proprietária fiduciária das ações"** (grifo nosso). Caso, algum dia, o investidor deseje deixar o depositário central, o escriturador fará o inverso (transferir do nome do depositário central para o acionista e o depositário central debita ou extingue, conforme o caso, a conta que este mantém em seus sistemas). O funcionamento dos registros escriturais no depositário central e no escriturador estão esquematizados na figura 2 a seguir:

---

[144] Este procedimento se chama, em jargão de mercado, bloqueio.

[145] Item 1 do Capítulo VII dos Procedimentos Operacionais da CBLC:

"O Serviço de Depositária da CBLC mantém estrutura de **Contas de Custódia individualizadas sob responsabilidade dos Agentes de Custódia.**

Os **Ativos depositados nessas Contas de Custódia encontram-se registrados junto ao Emissor enquanto propriedade fiduciária da CBLC**, não integrando o patrimônio dela."

(grifo nosso)

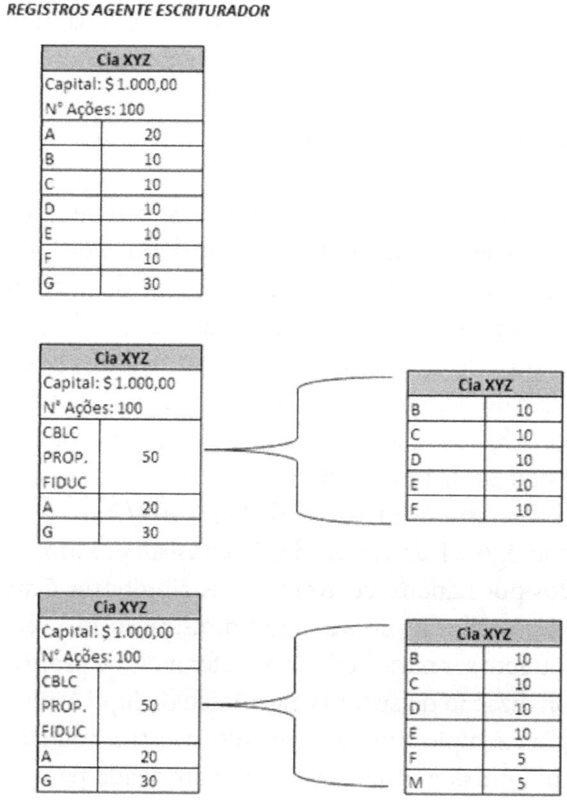

REGISTROS AGENTE ESCRITURADOR

Cia XYZ	
Capital: $ 1.000,00	
N° Ações: 100	
A	20
B	10
C	10
D	10
E	10
F	10
G	30

Cia XYZ	
Capital: $ 1.000,00	
N° Ações: 100	
CBLC	
PROP.	50
FIDUC	
A	20
G	30

Cia XYZ	
B	10
C	10
D	10
E	10
F	10

Cia XYZ	
Capital: $ 1.000,00	
N° Ações: 100	
CBLC	
PROP.	50
FIDUC	
A	20
G	30

Cia XYZ	
B	10
C	10
D	10
E	10
F	5
M	5

Fig. 2

Pelo exposto acima, para se negociar as ações em bolsa, elas devem estar depositadas no depositário central, caso contrário a liquidação seria prejudicada. Neste sentido, merecem ser transcritas palavras de Modesto Carvalhosa e Nelson Eizirik onde, com relação à propriedade fiduciária transmitida para o depositário central, esta serviria

> apenas ao fim de permitir a negociação dos valores mobiliários depositados, sem a necessidade de alteração dos registros da companhia a cada transferência autorizada. A propriedade dos valores

mobiliários somente será transferida de volta ao depositante nos registros da companhia quando extinta a custódia, pelo equivalente ao saldo remanescente em sua conta de depósito.[146]

Aqui, cabe uma digressão. A Lei 6.385/76, em seu artigo 24, prevê que cabe à CVM autorizar a atividade de custódia cujo exercício será privativo das instituições financeiras e das entidades de compensação e liquidação. Sendo que o parágrafo único desse artigo define que "considera-se custódia de valores mobiliários o depósito para guarda, recebimento de dividendos e bonificações, resgate, amortização ou reembolso, e exercício de direitos de subscrição, sem que o depositário, tenha poderes, salvo autorização expressa do depositante em cada caso, para alienar os valores mobiliários depositados ou reaplicar as importâncias recebidas", a custódia prevista no artigo 24 da Lei 6.385/76 não se confunde com a custódia de ações fungíveis prevista no artigo 41 da Lei 6.404/76.

A custódia do artigo 24 da Lei 6.385/76 consiste em um serviço que pode ser prestados por bancos, corretoras, distribuidoras e até *Clearing House* no sentido de guarda de ativos e sua administração, mas sem o intuito de centralização ou sem ser para facilitar transferência de propriedade por força de operacionalização de sistema eletrônico de liquidação.

Desta forma, por exemplo, um determinado investidor que tenha vários valores mobiliários contrata uma instituição autorizada para, com segurança, guardar, administrar e receber recursos a que faça *jus* por ser acionista.

Este serviço ganhava contornos bem nítidos quando da existência de ações ao portador, pois um investidor que detinha várias ações de diferentes emissoras, as entregava para que uma instituição financeira guardasse as cautelas, assim ficariam em um cofre com segurança, e administrasse os direitos inerentes como recebimento de proventos, desdobramentos etc.. No caso de ações nominativas com emissão de cerificados, também o serviço podia ser útil, pois, apesar dos certificados não serem título de propriedade, servem para legitimação para o exercício de direitos e, assim, podiam ser guardados pela instituição prestadora de serviços e esta, dentro dos limites da lei, poderia exercer os direitos do acionista. A custódia prevista no artigo 24 da Lei 6.385/76 tem sua autorização regida pela Ins-

---

[146] CARVALHOSA e EIZIRIK. *A Nova Lei...*, 2002. p. 134.

A PÓS-NEGOCIAÇÃO DE VALORES MOBILIÁRIOS

trução CVM 89. As instituições financeiras que obtém a autorização da CVM prevista no artigo 24 da Lei 6.385/76 são, na linguagem de mercado, conhecidas como custodiantes.

O fato de não haver mais valores mobiliários ao portador e as ações nominativas com emissão de certificados serem raras não deixou a atividade de custódia inutilizada e nem o papel do custodiante esvaziado. Pelo contrário, a complexidade dos serviços e produtos financeiros, a globalização e internacionalização dos mercados e a variedade de opções de investimento disponíveis fazem com que uma instituição capaz de gerir os ativos e acompanhar os direitos a serem exercidos seja de grande valia, sendo, atualmente, um serviço que é relevante pelo valor que agrega ao investidor em termos de eficiência e de assessoria e informações, entre outras, de natureza econômica, fiscal (por força de obrigações tributárias acessórias e recolhimento de tributos), burocrática (serviços de câmbio e administração de garantias em diferentes mercados e ambientes de negociação). Se pensarmos que há instituições financeiras com presença global e que podem atuar como custodiantes globais (*global custodians*) [147], ou seja, custodiantes com presença em diversos mercados, sendo uma instituição que possibilita ao investidor o acompanhamento e investimento em diversos mercados, vemos que o papel do custodiante e suas atividades estão evoluindo. Além disso, mesmo em se tradando de ações escriturais com depósito centralizado em um depositário central, é importante notar que não são todas as instituições e investidores que têm acesso ao depositário central, logo o uso de custodiantes é essencial para se acessar o depositário central em diversos mercados. Assim é no Brasil, já que a CBLC se relaciona diretamente com os agentes de custódia e estes, por sua vez, com seus clientes e investidores.

O termo "guarda" expresso na redação do artigo 24 da Lei 6.385/76 ao caracterizar a custódia de valores mobiliários, assim como no artigo

---

[147] "*Global custodians:* This group of custodians offers a one-stop-shop service, usually covering about 100 markets, and opts to appoint intermediaries to access many markets' CSDs. They are able to capture cross-border custody business without incurring substantial set-up costs and ongoing fixed costs. Most global custodians began as large single-market custodians and expanded their market coverage to capture their domestic clients' investments abroad. The global custodian business model appeals mainly to institutional investors which need convenience and consolidated reporting on their diverse international portfolio." CHAN, FONTAN e ROSATI. *The Securities...*, 2007, p. 13.

1º da Instrução CVM 115 tem diferente conotação se estivermos falando de guarda por um custodiante ou da guarda de ação recebida como valor fungível por um depositário central. No caso do custodiante, a guarda, em relação às ações e outros valores mobiliários, significa assegurar, controlar e fazer com que os valores mobiliários do cliente sejam devidamente registrados na titularidade do cliente onde quer devam estar registrados (no escriturador ou em um depositário central), fiscalizar para que a quantidade não seja alterada indevidamente a fim de que seu cliente sempre possa receber seus valores mobiliários e tê-los disponível para o uso que lhe aprouver. Já com relação ao depositário central, a guarda implica atribuição de propriedade. Ou seja, seus registros conferem propriedade sobre as ações para os investidores que tem posição acionária nos registros do depositário central e as transferências que o depositário central efetua têm o condão de transferir a propriedade dos valores mobiliários sob os quais este recebeu a propriedade fiduciária, que possui sob sua guarda. Para o depositário central, guarda implica centralização com o intuito de transferência de propriedade definitiva.

Assim, a guarda (*safekeeping*) de valores mobiliários, principalmente ações, envolve[148]:

a. o depositário central, que centraliza a guarda ou custódia de determinados valores mobiliários e recebe do responsável pela liquidação das operações com valores mobiliários as instruções de transferência para proceder à entrega necessária para a liquidação das operações. O depositário central costuma ser uma instituição por mercado[149], por questão de eficiência, não se encontram no mercado

---

[148] As instituições cujas atividades serão descritas, mais que estarem envolvidas no processo de guarda, custódia e depósito, interagem e dependem uma das outras.

Uma descrição resumida de tudo o que foi dito: os acionistas que desejarem vender suas ações em bolsa e aqueles que as comprarem em bolsa terão suas ações depositadas na central depositária da bolsa, cujo nome (nome da bolsa) figurará com proprietária fiduciária nos registros do agente escriturador e os acionistas chegarão à central depositária por meio de um agente de custódia que se relaciona com a central depositária; prova a coexistência e interação das três figuras, mas é preciso ter clareza de sua atuação, pois, muitas vezes, se tomam uma pelas outras e as responsabilidades e limites de atuação podem não ser claros para todos, sobretudo para o público investidor.

[149] Exceção é a situação dos depositários internacionais que são dois: Euroclear e Clearstream, mas desenvolveram sistema operacional de comunicação (*bridge*) para poderem de forma

A PÓS-NEGOCIAÇÃO DE VALORES MOBILIÁRIOS

pluralidade de depositários centrais para o mesmo ativo e o depositário central costuma ser ligado ao sistema eletrônico de liquidação[150], podendo ter relações também com as bolsas de valores. Um ponto importante é que o depositário central, como regra geral[151], não se relaciona com os investidores finais[152] e, sim, com seus participantes aceitos;

b. os custodiantes, que prestam serviços referentes à guarda e administração de direitos atribuídos a ativos por decisão e escolha de seus clientes. Assim estes são contratados pelos investidores interessados nos serviços oferecidos pelo custodiante. O termo custodiante pode causar confusão, pois pode significar (i) o participante com acesso ao depositário central (no caso da CBLC no Brasil, o agente de custódia), ou seja, aquele que se relaciona com o depositário central e é o elo de contato com os investidores finais; (ii) pode significar uma instituição devidamente autorizada a prestar serviços referentes à guarda e controle de ativos para fundos de investimento ou investidores estrangeiros. Merece mencionar que, ao contrário do depositário central, os custodiantes tendem a ser numerosos e concorrerem entre si, muitas vezes se especializando em nichos de mercado e perfis de investidores;

c. O escriturador, insti tuição responsável por manter a escrituração das ações das companhias. Desta forma, a companhia emissora con-

---

eficiente processar liquidação e controlar posições.

[150] "Un dépositaire central conserve, pour le compte de ses participants, des valeurs mobilières et exécute les livraisons des titres sur instructions des participants ou des organismes de compensation. Un organisme de clearing rapproche les instructions d'achat et de vente des intermédiaires financiers pour déterminer, valeur par valeur, les soldes nets en titre et espèces (Il procède ainsi à la compensation des mouvements sur valeurs). Parfois, les deux types d'organismes sont confondus; c'est le cas de la France. Un dépositaire central international, ou centrale de clearing internationale, remplit des fonctions identiques à celles d'un dépositaire domestique mais Il est essentiellement spécialisé dans le règlement des titres internationaux, grâce à des liens directs ou indirects avec les dépositaires nationaux.". KARYOTIS. *Mondialisation...*, 2005, p. 152.

[151] Exceção: CREST no Reino Unido, que permite acesso direto do investidor em determinadas situações (*sponsored membership*), este ponto não será objeto do presente trabalho.

[152] O fato do relacionamento do depositário central ser com seus participantes e destes com seus clientes não impede o depositário central de identificar os investidores clientes do participante. A CBLC atua desta forma, seu acesso é feito pelos Agentes de custódia, mas todos os investidores são identificados, por isso é um depositário central transparente.

trata uma determinada instituição autorizada para a prestação do serviço de ações escriturais. No caso de ações objeto de negócio em bolsa ou que estejam no depositário central, será necessário a transferência nos registros do escriturador da propriedade sobre as ações para o depositário central, mas na qualidade de propriedade fiduciária.

3.3. ANÁLISE CRÍTICA DAS NORMAS DA CVM REFERENTES ÀS ATIVIDADES DE PÓS-NEGOCIAÇÃO

De acordo com o exposto anteriormente, com relação às atividades e serviços relacionados com a guarda, custódia e depósito de ações, a CVM editou duas instruções que continuam em vigor atualmente: a Instrução CVM 89[153] e a Instrução CVM 115[154].

Diante da complexidade dos serviços prestados no mercado de capitais e da evolução do mercado, aliado ao fato que estas normas estão vigentes, com poucas alterações, há mais de vinte anos, a CVM, em 26 de junho de 2013, submeteu à audiência pública[155] minutas de três novas instruções que substituirão as Instruções CVM 89 e 115 e regularão a prestação de serviços, respectivamente, de depósito centralizado, custódia e escrituração de valores mobiliários.

A leitura dessas instruções, sobretudo da Instrução CVM 89[156], mostra que houve uma disciplina do procedimento para obtenção de autorização da CVM pelas instituições interessadas e muito pouco se regulou sobre como os serviços devem ser executados. Em que pese todas as atividades

---

[153] A Instrução CVM 89 dispõe sobre a autorização para prestação de serviços de ações escriturais, ou seja, a atividade dos agentes escrituradores, de custódia de valores mobiliários e de agente emissor de certificados.

[154] A Instrução CVM 115 dispõe exclusivamente sobre a prestação de serviço de custódia fungível de ações nominativas.

[155] Edital de Audiência Pública SDM nº 06/2013 de 26 de junho de 2013. Disponível em <http://www.cvm.gov.br>. Acesso em 12 de setembro de 2013.

[156] A Instrução CVM 115 já possui um pouco mais de detalhes e regras a serem observadas, mas, considerando o mercado atual, pode ser melhorada. É importante repetir que a Instrução CVM 115 se antecipou à Lei 6.404/76 na criação da custódia fungível assentada na propriedade fiduciária. Talvez por instituir uma solução para viabilizar a central depositária de ações nominativas escriturais, esta instrução tenha tido uma redação mais detalhada do que a Instrução CVM 89 que disciplinou algo já previsto em lei.

A PÓS-NEGOCIAÇÃO DE VALORES MOBILIÁRIOS

ou serviços objeto das instruções terem fundamento legal na Lei 6.385/76 ou na Lei 6.404/76, o texto da lei não detalha pontos relevantes da prestação dos serviços que competem ao regulador, em sua atividade normativa, definir em prol da agilidade decorrente de sua proximidade com o mercado e conhecimento técnico. Neste ponto, as minutas propostas são mais completas e detalham a prestação dos serviços de forma mais adequada.

As Instruções CVM 89 e 115 apresentam um problema de terminologia que deve ser enfrentado, pois, as atividades e os prestadores de serviços são apresentados de forma confusa. Assim, além de uma adequada definição de cada serviço e suas regras, a nomenclatura poderia ser mais exata e, por consequência, afastar incongruências. Também, neste ponto, a proposta do regulador andou bem, pois além, de destinar uma minuta de instrução para cada atividade usou a terminologia de forma racional e coerente.

Como apontamos anteriormente, há três instituições relevantes na cadeia das operações com ações no que se refere à custódia ou guarda, a saber: o depositário central de ações, os escrituradores e os agentes de custódia (*i.e.* participantes ou membro do depositário central).

O depositário central no mercado brasileiro de ações é a BM&FBOVESPA, por hora, sendo a única a desempenhar tal função. As atividades da BM&FBOVESPA, como depositário central, são regidas pela Instrução CVM 115 com fundamento no artigo 41 da Lei 6.404/76, consistindo, assim, na prestação de serviço de custódia fungível de ações nominativas. A primeira minuta de instrução proposta no edital de audiência pública contempla a prestação de serviços de depósito centralizado de valores mobiliários.

Vale lembrar que o papel principal de um depositário central é prover registro de propriedade das ações e promover a sua transferência, possibilitando, assim, a entrega definitiva, na data de liquidação dos negócios jurídicos realizados, dos valores mobiliários objeto do negócio. O depositário central dá suporte essencial para os sistemas eletrônicos de liquidação[157]. No contexto brasileiro, o depositário central passa a ser proprietário fiduciário das ações que recebe para guarda e, então, cria as contas de ativos onde credita a quantidade de ações de cada investidor, sendo tais contas sempre identificadas e individualizadas por investidor. A propriedade fiduciária transmitida ao depositário central, nos termos do artigo 41

---

[157] Lembramos que a BM&FBOVESPA é sistema de liquidação de valores mobiliários e DEPOSITÁRIO CENTRAL.

da Lei 6.404/76, aliada à disposição do artigo 31 da mesma lei, que reconhece a presunção de propriedade daqueles que estiverem identificados no extrato do depositário central, asseguram que os registros do depositário central funcionem como registro de propriedade análogo aos livros da companhia emissora. Desta forma, os lançamentos no depositário central atribuem propriedade sobre as ações[158]. Se houver uma cadeia de intermediários, ou seja, na hipótese de interposição de instituições entre o investidor final e a companhia emissora, o depositário central se situa no nível mais elevado da cadeia, por ser onde se verifica a propriedade sobre as ações dentro da cadeia[159].

A atividade referida no artigo 41 da Lei 6.404/76 deveria ser disciplinada como um serviço a ser prestado por "instituição depositária", que é expressão adotada no referido art. 41, ou algum sinônimo, evitando o uso de "custodiante" e mesmo "custódia". A minuta proposta para esta atividade acolheu o termo "depositário central" a fim de ficar alinhada com a linguagem da Lei 12.810, de 15 de maio de 2013 ("Lei 12.810/13")[160]. O termo "depositário central" é um sinônimo adequado de "instituição depositaria", assim, já significa um avanço no sentido de esclarecer os papéis e melhorar a nomenclatura.

Na Lei 6.404/76, encontramos como título da Secção VIII a expressão "Custódia de Ações Fungíveis", mas o artigo 41 diz "as ações são recebidas em depósito pela instituição depositária". Entretanto, no artigo 31, a Lei 6.404/76 já utiliza o termo "instituição custodiante" na qualidade de

---

[158] Usando expressão muito precisa em língua inglesa, os lançamentos escriturais na central depositária funcionam ou fornecem "provision of the root of title", cf. CHAN, FONTAN e ROSATI. *The Securities...*, 2007, p. 12.

[159] No mínimo, como é o caso das operações domésticas brasileiras, haverá a central depositária (CBLC), abaixo dela o agente de custódia e, por fim, o investidor. A prova do *status* de acionista se dá com o extrato da CBLC, que está no topo da cadeia, e seu nome está inscrito nos registros do escriturado como proprietária fiduciária.

[160] A Lei 12.810/13, entre outras disposições, estende o regime de propriedade fiduciária, até então existente apenas para ações com base no art. 41 da Lei 6.404/76 com redação dada pela Lei 10.303/01, aos demais valores mobiliários e ativos financeiros. De forma diversa da lei 6.404/76, a Lei 12.810/13 emprega a expressão "titularidade fiduciária" no lugar de "propriedade fiduciária". A CVM entende ser mais adequada a expressão da Lei 12.810/13 e, portanto, a adotou nas propostas de novas instruções. De modo diverso, como o foco da presente obra são as ações e a Lei 6.404/76 usa propriedade fiduciária, escolhemos manter o uso da linguagem da Lei 6.404/76. Entretanto, não vemos prejuízo na adoção de titularidade que pode ser considerada sinônimo de propriedade.

A PÓS-NEGOCIAÇÃO DE VALORES MOBILIÁRIOS

proprietária fiduciária das ações (por mencionar propriedade fiduciária, obviamente, refere-se ao artigo 41).

A norma regulamentar proposta pela CVM contribui, para afastar qualquer tipo de dúvida, ao deixar de utilizar o termo "custódia" para este tipo de serviço prestado pelo depositário central[161], evitando, assim, confusão terminológica com a custódia de ativos prestada por instituições financeiras, principalmente, para fundos de investimento e investidores estrangeiros e a atividade de custódia como meio de acesso ao depositário central, objeto da segunda minuta anexa ao edital de audiência pública.

A Instrução CVM 89 deve ser revista e atualizada. É primordial que se defina claramente, também, o papel das instituições que prestem serviços de ações escriturais, os escrituradores, deixando bem claro seu alcance e responsabilidades. A proposta de revisão das regras aplicáveis aos escrituradores é bastante adequada, pois propõe uma minuta de instrução exclusiva para disciplinar a prestação de serviços de escrituração de valores mobiliários, com terminologia precisa e adequada, sem mencionar ou vincular ao termo "custódia", ajudando, novamente, a dissipar confusão terminológica e, até mesmo, conceitual.

Há uma lacuna na Instrução CVM nº 89, já que não foi estipulado prazo para que os escrituradores procedam à transferência e anotações nos seus registros referentes à transmissão da propriedade de ações escriturais sob sua responsabilidade[162]. De modo diverso, a minuta nº 3 do edital de audiência pública, ao regular os escrituradores, ao menos, dispõe que o

---

[161] O artigo 2º da Instrução CVM 115 dispõe que a companhia emissora procederá à transferência para o nome da Bolsa de Valores, nos registros próprios, das ações nominativas e endossáveis **recebidas em custódia**, à vista do contrato firmado entre o depositante e a bolsa de valores. Diferente da Lei 6.404 que usa recebidas em depósito. A minuta proposta para regular os depositários centrais prevê, no §1º do art. 1º, que "o serviço de depósito centralizado ... compreende ...: I – a **guarda** dos valores mobiliários pelo depositário central...." (grifo nosso)
[162] Vale destacar que o artigo 4º da Instrução CVM 115 determina, no caso do investidor desejar rescindir o contrato com a bolsa (*i.e* depositário central), que esta deve promover, no máximo, em três dias úteis a transferência ou averbação das ações do investidor, constantes dos registros do depositário central, para o seu nome nos livros da companhia, ou seja, o depositário central tem prazo para devolver as ações extinguindo a propriedade fiduciária. **Entretanto, o fato do depositário central solicitar ao escriturador que faça a transferência não tem o condão de fazer com que este a efetive em até três dias úteis**; para esta norma ser eficaz, deveria haver prazo aplicável para os escrituradores. No regime vigente tal prazo inexiste nas Instruções 89 e 115.

escriturador deve proceder as transferência no menor prazo possível, sem prejuízo da segurança necessária.

Outro ponto positivo da minuta de instrução proposta para escrituradores é a caracterização como infração grave a não observância, entre outros, do art. 21 da minuta. Já que é justamente nesse art. 21 que está a regra de proceder a transferência no menor prazo possível. Talvez fosse mais efetiva a definição de um prazo claro e objetivo, contado em dias corridos ou úteis, aguardemos a edição da versão final da norma para ver a posição a ser adotada pela CVM. De qualquer forma houve progresso, pois há previsão de prazo, mesmo que de precisão relativa, e de aplicação de sanção como infração grave.

Uma vez que as ações já se encontrem no depositário central, a sua movimentação deve ser comandada exclusivamente pelo custodiante do qual o investidor é cliente (e que, portanto, operacionalizou o ingresso dos valores mobiliários no depositário central). Diante desse fato, constitui um grande avanço a previsão de regra específica, com a correspondente sanção em caso de desobediência, determinado prazo de um dia útil para que o custodiante acate instrução de movimentação de valor mobiliário dada pelo investidor titular de conta de custódia. Caso a norma final, ao ser editada, mantenha esta disposição, será algo benéfico para afastar o risco de demora injustificada em transferir ativos que já estão no depositário central, ou seja, a demora em transferência para outro custodiante.

Já com relação ao serviço de custódia de valores mobiliários, previsto no artigo 24 da Lei 6.385/76, ressaltamos que a Instrução CVM 89, por se restringir a prever a concessão de autorização, regras de auditoria e, como responsabilidade, se limitar a dispor sobre o envio de extratos, está muito aquém da realidade do mercado. Desta forma, a proposta de minuta para os custodiantes, minuta nº 2 do edital de audiência pública, é um grande avanço. A minuta detalha a atividade deixando claro em que consiste o serviço de custódia a ser desempenhado pelos custodiantes (pessoas jurídicas autorizadas pela CVM a prestar serviço de guarda física e escritural de valores mobiliários; conservação, controle e conciliação das posições das contas de custódia; e tratamento de instruções de movimentação e de eventos sobre valores mobiliários) e, principalmente, explicitando suas responsabilidades.

Mister se faz lembrar que os serviços prestados pelos custodiantes pressupõem o contato com os investidores e concorrência entre as instituições autorizadas a tal prestação de serviço. Desta feita, é importante a previsão de regras de conduta como consta da minuta de instrução proposta para os custodiantes. Com relação às regras de conduta, é importante contar com meios para mitigar risco de conflitos de interesse, assegurar padrões mínimos de qualidade na prestação de serviços, adequado e seguro registro de instruções, definir as responsabilidades dos profissionais pessoas físicas envolvidos no atendimento e prestação do serviço em si na instituição, estabelecer limites com outras atividades reguladas pela CVM como administração de carteira e consultoria de valores mobiliários e prevenção de lavagem de dinheiro. O fato é que os custodiantes prestam um serviço que é um negócio, uma atividade empresarial, ensejando uma relação comercial com o investidor (cliente)[163] e este aspecto deve ser considerado nas regras de conduta.

---

[163] A descrição das atividades dos bancos custodiantes contida em CHAN, FONTAN e ROSATI. *The Securities...*, 2007, p. 06. É muito útil para demonstrar as nuances da atuação dos custodiantes:

"CUSTODIANS BANKS: As just explained, banks were the natural providers of physical safekeeping services as they would usually already have strong vaults for the holding of cash and other valuables taken for deposit. Having the physical securities in safekeeping enabled the 'custodian bank' to provide additional services related to *settlement and asset servicing*. Although custodian banks' main function today is no longer safekeeping physical securities, the scope of their services in settlement and asset servicing remains relatively unchanged:

– When securities are bought or sold, the custodian takes care of the delivery and receipt of securities against the agreed amount of cash. This process, i.e. the exchange of securities against funds, is commonly called 'settlement'.

– Holding securities in an investor's portfolio attracts benefits, rights and obligations; the services provided by the custodian to ensure the investor receives that to which he is entitled are commonly called 'asset services'. These services usually fall into several broad categories: **collection of dividends and interest; corporate actions such as rights issues, re- -denominations or corporate reorganisations; payment and/or reclaim of tax; voting at shareholders' meetings by proxy.**

Much of the work done in asset servicing, therefore, involves **a custodian acting as an information intermediary, communicating between issuers and securities holders. While the investing customer could have performed the related work itself, it is more convenient for it to entrust these activities to a specialist. Custodian banks have developed economies of scale to provide services to their customers at a price that is less than what the customer would spend, and probably faster and with less operational errors than if the customer were to do the same work itself.** In each market, there are usually a number of local custodian Banks that provide custody services, thus giving customers a choice of services and prices. When banks provide custody services in multiple markets through one service agreement with customers, they are called 'global custodian' Banks." (*grifos nossos*).

Por fim, merece destaque o fato que os custodiantes têm uma atuação fundamental nas operações de mercado de balcão não organizado, já que nesses casos a liquidação deve ser precedida de instruções referente ao pagamento e à entrega dos ativos objeto, pois, inexiste a figura de contraparte central ou sistema eletrônico de liquidação. O sentido de "liquidação" é diferente ao se tratar de custodiantes se comparado com a liquidação processada no depositário central. A atividade do custodiante na liquidação consiste em instruir, transmitir comando de débito e crédito para o depositário central e para o ambiente de pagamento (um banco liquidante ou conta de reserva do banco central, dependendo do caso e da estrutura). Para o depositário central, liquidação implica efetiva entrega, assim entendida a transferência definitiva e incondicional de ativos sob sua guarda, seja por instrução de custodiantes, seja por instrução de responsável por sistema eletrônico de liquidação (no caso de operações realizadas em mercados organizados que contam com tal estrutura).

O depositário central, por centralizar os valores mobiliários, costuma ser único ou poucos, se houver mais de um[164], e deve tratar todos os seus participantes ou instituições com quem se relaciona de modo equitativo. Estes, como regra, são instituições financeiras e não investidores finais integrantes do público em geral. Por fim, com relação ao depositário central, no Brasil, sendo uma entidade de compensação e liquidação, possui poder de autorregulação[165], logo o relacionamento com o regulador é diverso de uma instituição que não possui tal poder[166].

---

[164] O próprio mercado tem levado a uma consolidação, como tem ocorrido na Europa onde a pós-negociação em geral é altamente fragmentada (neste sentido, vide COMISSÃO EURO-PEIA. *Cross-Border...*, 2001; COMISSÃO EUROPEIA. *Second Report on EU Clearing and Settlement Arrangements*. The Giovannini Group, abr. de 2003. Disponível em: <http://ec.europa.eu/internal_market/financial-markets/docs/clearing/second_giovannini_report_en.pdf>. Acesso em: jan. 2012. e CHAN, FONTAN e ROSATI. *The Securities...*, 2007).

[165] Lei 6.385, art. 8º, §1º e art. 17, §1º. Adicionalmente, a minuta de instrução proposta para disciplinar os depositários centrais prevê que tais instituições sejam dotadas de poder de autorregulação sobre seus participantes (art. 40 da minuta nº 1 anexa ao edital de audiência pública). Logo, se houver no Brasil um situação onde as atividades de pós-negociação sejam desmembradas e existir uma instituição que atue exclusivamente como depositário central, sem ser câmara de compensação, este depositário central também terá poderes de autorregulação, exceto se a redação da instrução a ser editada dispuser de modo diverso da minuta proposta.

[166] A autorregulação é limitada pela regulação e pressupõe cooperação com o regulador. Vide redação do § 1º do art. 17 da Lei 6.385 (órgão auxiliar da CVM).

Vale ressaltar que uma instituição pode assumir mais de um papel, pois uma instituição financeira pode prestar serviços de agente escriturador, ser custodiante de fundos de investimento ou de investidores estrangeiros ou ser custodiante na qualidade de agente de custódia perante o depositário central.

É fundamental que as Instruções CVM 89 e 115 sejam revisitadas para refletir, sem gerar dúvidas, os papéis das instituições atuantes no mercado brasileiro. As minutas propostas sinalizam um caminho adequado, pois tratam de forma separada e detalhada o papel:

a. dos depositários centrais no mercado brasileiro, ou seja, daquela instituição que concentra os valores mobiliários negociados nos mercados organizados e procede ou instrui a liquidação por meio da entrega dos ativos, mediante lançamentos escriturais em seus registros, com fundamento no artigo 41 da Lei 6.404/76;

b. dos custodiantes que se relacionam com os depositários centrais e com os investidores finais, pois, na prática os investidores só chegam ao depositário central transmitindo suas instruções por meio dos agentes de custódia, sendo, assim, estes que exercem papel de custodiantes de valores mobiliários nos termos do art. 24 da Lei 6.385/76;

c. dos escrituradores, instituições financeiras contratadas pelos emissores para manterem os registros de valores mobiliários escriturais que, no caso de ações, ocupa o lugar dos livros de registros de ações, nos termos do art. 34 da Lei 6.404/76. Como se sabe é em tais livros que se encontram registrados os valores mobiliários detidos em propriedade fiduciária pelo depositário central que tem como beneficiários finais os investidores, clientes dos custodiantes.

TERCEIRA PARTE
ASPETOS DECORRENTES DA INTERNACIONALIZAÇÃO DO MERCADO DE VALORES MOBILIÁRIOS

1. A INTERNACIONALIZAÇÃO DAS OPERAÇÕES COM VALORES MOBILIÁRIOS: IMPACTO NAS ORDENAÇÕES JURÍDICAS

Atualmente, os mercados financeiro e de capitais ocupam espaços transfronteiriços. A internacionalização dos mercados ocorre, em maior ou menor grau, de acordo com as opções legislativas ou regulatórias de cada Estado, ou seja, com a liberdade de inserção de elementos estrangeiros ou internacionais nos respectivos mercados. A internacionalização se manifesta desde a simples influência, decorrente da globalização e da rapidez das transmissões de dados e de informações, que as economias domésticas estão sujeitas por força de eventos ocorridos em outros países, no mercado internacional ou em mercados regionais relevantes,[167] até o acesso direto de instituições estrangeiras ao público investidor local e o uso de moeda diversa da moeda corrente nacional dentro das fronteiras de um país. Cada país adotará uma postura e definirá o que aceita, naquilo que pode controlar por meio de normas jurídicas, de interferência de elementos internacionais no seu mercado.

---

[167] A "zona do euro" é um exemplo.

ASPETOS JURÍDICOS DA PÓS-NEGOCIAÇÃO DE AÇÕES

Neste contexto, com relação ao mercado de capitais, temos que os estados soberanos têm variadas posturas frente: à oferta de produtos de outros países aos seus cidadãos, à forma e requisitos de acessos de captadores estrangeiros aos recursos domésticos, às regras referentes ao uso de moeda estrangeira em pagamentos e liquidação de obrigações, à possibilidade de se deter investimentos no exterior assim como de residentes no estrangeiro investirem em determinado mercado.

O Brasil, de forma breve, assegura igualdade de tratamento aos investidores, tendo estes, à sua disposição, os mesmos investimentos e produtos a que os brasileiros têm acesso[168]; para todas as operações, deve-se usar a moeda corrente nacional, assim, o ingresso e saída de recursos requerem contratação de câmbio. Os investidores residentes no Brasil, satisfeitas as exigências e condições fiscais prevista na legislação tributária e normas da Receita Federal do Brasil e declaratórias do Banco Central do Brasil, podem enviar recursos financeiros, adquirir bens e ser titulares de investimentos no exterior. Já com relação ao acesso por um emissor ao público investidor brasileiro no mercado de capitais, a postura brasileira é semelhante à norte-americana, ou seja, requer, como regra, a autorização (registro) na CVM, assim qualquer ativo de mercado de capitais ou oferta destinada ao público brasileiro[169] deve se adequar as normas da CVM, assim como instituições estrangeiras para atuarem no mercado brasileiro precisam de autorização.

O fato é que a maioria do estados com praças comerciais ou financeiras relevantes, de algum modo e em diferentes graus, admite alguma forma de internacionalização de seus mercados.

Uma operação de mercado de capitais com um elemento vinculado a outro país e, portanto, outra ordem jurídica, seja a contraparte ou o valor mobiliário objeto, é caracterizada como uma operação transfronteiriça, porque, uma vez concluído o negócio, será necessário se preceder à liquidação e esta, por força do elemento estrangeiro, envolverá acesso a sistemas que possam proceder à entrega e pagamento.

---

[168] Vide artigo 1º, §2º da Resolução CMN 2.689 de 26 de janeiro de 2000.

[169] No caso das ofertas, a regra é pelo registro na CVM, com exceção da oferta pública com esforços restritos, regida pela Instrução CVM 476, de 16 de janeiro de 2009, onde a CVM expressamente autoriza aquela modalidade de oferta sem seu registro prévio. Neste sentido, PEREIRA Fº, Valdir C.; HAENSEL, Taimi. A Instrução CVM 476 e as Ofertas Públicas com Esforços Restritos. *Revista de Direito Bancário e do Mercado de Capitais*, v. 45, p. 333-343, 2009.

Os mercados de capitais são, em sua essência, mercados domésticos, pois são regulados por regras locais, regidos por leis nacionais e submetidos a reguladores locais. Investidores estrangeiros, contudo, podem ter acesso a mercados de outros países, ingressarem em um mercado e adquirirem, por exemplo, ações em um mercado de país diverso daquele onde residem (por exemplo, investidores estrangeiros que participam do mercado de ações brasileiro, realizando investimentos por meio da modalidade prevista na Resolução do Conselho Monetário Nacional nº 2.689 de 26 de janeiro de 2000 (Resolução CMN 2.689)). Ainda, os emissores de valores mobiliários, desde que sujeitos às regras locais, podem oferecer seus valores mobiliários a cidadãos de países diverso do país de sua sede ou da emissão (caso de ADR no mercado dos Estados Unidos e BDR no mercado brasileiro). Entretanto, podem ocorrer ofertas de ações internacionais, quando a oferta é realizada em mercado diverso do país do emissor, mas sujeita às regras do local da oferta[170].

Em se tratando de mercado de capitais, sobretudo ações, há a liquidação física. Com isso, um ponto que chama atenção é a necessidade de se prever a guarda de valores mobiliários em um contexto transfronteiriço, que, necessariamente, envolverá o contato com uma instituição na praça onde ocorre a liquidação física, ou seja, o contato com o depositário central ou com um depositário internacional. Neste contexto, ganha relevo a atuação dos custodiantes globais (*global custodians*[171]) por facilitarem o

---

[170] Onde há uma efetiva desvinculação de ordens jurídicas estatais e maior flexibilidade regulatória é no mercado de *eurobonds*, que são títulos de dívida de empréstimo e não ações. A oferta de *eurobonds* implica em um devedor de determinada nacionalidade emitir os *eurobonds* por meio de uma ou mais instituições de atuação internacional com sede em praças de prática internacional em uma meda diversa da moeda do emissor e da praça onde o banco estruturou a oferta e dirigida a vários investidores no mercado internacional, sem focar em um determinado país. Foi graças ao mercado de *eurobonds* que foram criadas os depositários internacionais (Euroclear e Clearstream) e começou a evolução para o desenvolvimento de sistemas eletrônicos de liquidação e interligação de estruturas de *Back Office* (sistema de liquidação de valores mobiliários e depositário central). Neste sentido, KARYOTIS. *Mondialisation...*, 2005, p. 21.

[171] "Le terme de *global custody* est apparu pour la première fois en 1974, utilisé par le Chase Manhattan Bank. C'est um service bancaire centralisé de conservation, d'administration et de règlement de valeurs mobilières internationales. La Banque de France définit le *global custody* comme un service de gestion de portefeuilles internationaux de titres ayant pour vocation de faciliter les activités internationales de placements." KARYOTIS. *Mondialisation...*, 2005, pag. 111.

ASPETOS JURÍDICOS DA PÓS-NEGOCIAÇÃO DE AÇÕES

acesso às diferentes centrais depositárias do mundo, evitando, como se fosse possível atualmente a qualquer investidor, a necessidade de ser diretamente membro dos depositários centrais das praças onde ocorre liquidação ou, de modo indireto, o investidor teria que buscar, por sua conta, um intermediário estrangeiro em cada praça distinta onde fosse ocorrer a liquidação de operação para chegar ao respectivo depositário central.

Toda relação jurídica com elemento estrangeiro pode trazer questões de aplicação de lei, de direito internacional privado. Assim, não é diferente com uma operação transfronteiriça de valores mobiliários[172]. Entretanto, no caso de operação com valores mobiliários, há outros fatores que podem gerar risco jurídico em decorrência da natureza internacional de um negócio jurídico.

A estrutura do mercado de capitais atual, edificada sobre os valores mobiliários escriturais, liquidação eletrônica por meio de sistema de liquidação de valores mobiliários e intermediários financeiros que desempenham diferentes funções e se interpõem entre o investidor final e o emissor do valor mobiliário, acrescenta novos riscos às operações transfronteiriças, pois pode haver conflitos de leis envolvendo estes temas cruciais para as operações com valores mobiliários. Desta forma, há riscos diante da incerteza da atribuição da propriedade sobre os valores mobiliários escriturais em outro país, da segregação patrimonial dos valores entregues para guarda e o patrimônio do intermediário[173], no caso de falência

---

"Global custody is a service involving the safekeeping, administration and settlement of international portfolios of securities. It is associated with the rise of cross border institutional investment....The settlement and administration of international portfolios is a complex matter, particularly where a portfolio spans markets in different jurisdictions, in different time zones, with different currencies and settlement conventions; it also involves significant investments in electronic systems and links." BENJAMIN. *Interests in Securities*, 2000 p. 223 e 224.

[172] "Conflict of law issues do not arise only in obviously international transactions, such as when a U.S. investor holding Japanese securities with a London bank grants a security interest to a London-based lender. Such issues also arise in transactions which may not be recognised immediately as having a connection to any foreign legal system, such as when a London based investor acquires from her London bank some eurobonds for which she is unaware that the global certificate representing the whole issue is deposited with EUROCLEAR in Belgium." THÉVENOZ. *Intermediated...*, 2008. p. 9.

[173] Importante ressaltar que em determinados países pode não haver segregação dos ativos em nome dos investidores, mesmo em caso de valores mobiliários desmaterializados, ou seja, um intermediário possui valores mobiliários de seus clientes e os identifica, mas o intermediário acima ou o depositário central não identifica os clientes do intermediário anterior,

deste último, do reconhecimento efetivo de que o lançamento escritural a crédito atribui propriedade sobre o valor mobiliário e qual a sua natureza. Enfim, as operações transfronteiriças, além dos riscos de crédito e de liquidez, comum também nas operações domésticas, trazem riscos de natureza legal por força de diferenças em "enquadramentos jurídicos dos valores mobiliários que atribuem diferentes efeitos a cada uma das operações que tem lugar nesta fase de pós-negociação".[174][175]

Um item de grande importância onde há diferenças entre ordenações jurídicas é a natureza da propriedade dos valores mobiliários. Há países que reconhecem que a propriedade sobre valores mobiliários escriturais é um direito absoluto de propriedade, ou seja, a propriedade sobre um bem móvel, sendo este o caso do Brasil e, de modo geral, países europeus de tradição romano-germânica. Por outro lado, há países, como aqueles da família anglo-saxônica, que se baseiam em um direito de crédito sobre determinado valor mobiliários ou sobre fração ideal de um conjunto de valores mobiliários sendo tal direito exercível contra um intermediário financeiro, um sistema de liquidação ou um depositário central (enfim, um terceiro diverso do emissor)[176].

aparecem, no registro acima, todos em nome do intermediário ou, na melhor das hipóteses, segregados em ativos próprios e ativos de clientes. Esta situação onde não há identificação dos investidores, exceto no intermediário com o qual tem relação direta, é típica de um sistema não transparente em oposição aos sistemas transparentes, como o brasileiro, onde, para as ações, há identificação do beneficiário final no topo da cadeia de intermediação (no depositário central). No Brasil, na central depositária de títulos públicos, o SELIC, não há identificação do investidor final, esta é feita pelo intermediário.

[174] BORGES e LOUREIRO. *Liquidação...*, 2006.

[175] "Thus, the conflict of laws rules in the securities markets are necessary because the domestic commercial laws of the relevant jurisdictions differ. Sadly, the conflicts of laws rules of such jurisdictions also differ. This means that the outcome of any particular dispute may differ according to the forum in which it is heard, with the result that the cross border legal aspects of international securities markets are to some extent inherently unpredictable." BENJAMIN. *Interests in Securities*, 2000, p. 149 e 150.

[176] Na visão de operadores do direito inseridos na tradição romano-germânica, há a ideia de que se trata de um direito de crédito contra um intermediário sem ou com quase nenhum conteúdo de direito de propriedade ou de natureza real. Entretanto, os operadores do direito anglo-saxão tem uma visão de que, sob o sistema no qual se inserem, o investidor tem um feixe de direitos de caráter pessoal e de propriedade. Neste sentido: "The prevailing Anglo-Saxon view is that the client enjoys a bundle of rights, comprising both personal rights against the intermediary and property rights in relation to the assets held for the intermediary. For ease of reference these bundles of rights are referred to as securities entitlements or interests in

ASPETOS JURÍDICOS DA PÓS-NEGOCIAÇÃO DE AÇÕES

Posto que existem diferenças estruturais e doutrinárias entre os sistemas jurídicos[177], é preciso buscar uma harmonização para se atingir o objetivo consistente em garantir que o investidor possa exercer direito de propriedade contra o intermediário do qual é cliente e evitar que seus bens sejam considerados de propriedade do intermediário ou se confundam com o patrimônio do intermediário, podendo ser alcançado por seus credores. De modo simples, a harmonização deve ser funcional e fazer com que cada sistema, dentro de sua base doutrinária, assegure o objetivo de proteger os valores mobiliários, cercando-os e deixando-os protegidos de interesses de terceiros. Cada sistema jurídico enfrenta a situação de uma forma. A *common law* apela para o *trust*. Já os sistemas de base romanística tem que enfrentar a questão do conjunto ou coletividade que os bens formam (*pooled assets*)[178].

A União Europeia, por força da adoção da moeda comum e no objetivo de integração do mercado e livre circulação de mercadorias, bens e serviços, tem se debruçado sobre a pós-negociação nos mercados de valores mobiliários devido à elevada fragmentação e falta de harmonização normativa, que constituem entraves à integração dessa área[179]. Desde os

---

securities." BENJAMIN, Joanna. *Financial Law*. 1. ed. Oxford: Oxford University Press, 2007, p. 427.

[177] "Common lawyers understand property as a relationship and civil lawyers may understand as a thing".W.N. Hohfeld citado em BENJAMIN. *Financial Law*, 2007, p. 428.

[178] De forma resumida e superficial, apenas para ilustrar, no caso da formação de *pool* de ativos: na França o investidor possui um direito contra o intermediário da sua parcela de valores mobiliários que estão sob a guarda do intermediário sendo que, por lei e apesar de ter origem contratual, esse direito contra o intermediário é resguardado da sua falência, ou seja, pode exigir valor mobiliário escritural contra o intermediário do qual é cliente onde sua conta de ativos é mantida. Na Alemanha, o investidor é coproprietário de bens fungíveis, tendo direito a seu quinhão do total da emissão de determinado valor mobiliário. A situação do Japão é semelhante a da França. De qualquer forma, em todas essas ordenações jurídicas de tradição romanística, os investidores, por estes arranjos, têm como exercer seus direitos, se necessário, contra o emissor. KANDA, Hideki. *Direct and Indirect Holding Systems. How can they coexist and be connected internationally? A functional approach.* Seminar on Intermediated Securities realizado na cidade de Berna na Suíça de 15 a 17 de setembro de 2005. Disponível em: <http://www.unidroit.org/english/documents/2005/study78/s-78-sem01-e.pdf.> Acesso em: janeiro 2012.

[179] Aliás, neste sentido, a realidade europeia é oposta à norte-americana onde a pós-negociação é integrada e uniforme, a cargo da Depository Trust & Clearing Corporation (DTCC) que integra a Depository Trust Company (DTC) e a National Securities Clearing Corporation (NSCC).

ASPETOS DECORRENTES DA INTERNACIONALIZAÇÃO DO MERCADO DE VALORES MOBILIÁRIOS

anos 70, mas com mais intensidade após o ano 2000, foram feitos diversos estudos e iniciativas para detectar os entraves à integração do mercado de capitais europeu. Dentre estes estudos, merecem destaque os Relatórios *Giovannini* de 2001 e 2003 que arrolaram as barreiras, ou obstáculos, para a efetiva integração e sugeriram ações para sua remoção[180]. Dentre as barreiras apresentadas, havia três referentes a *legal certainty*[181] [182], demons-

---

[180] "No âmbito destes estudos, reveste particular importância o trabalho desenvolvido pelo Grupo *Giovannini*, já referido e, especialmente, os dois relatórios que o grupo elaborou. O primeiro desses relatórios datado de Novembro de 200110, fornece uma análise detalhada das actuais barreiras existentes na União Europeia a um eficiente processo de liquidação e compensação transfronteiriço, enquanto que o segundo relatório, publicado em Abril de 200311, apresenta sugestões para a eliminação dessas mesmas barreiras." BORGES e LOUREIRO. *Liquidação...*, 2006, p. 64.

[181] Transcrição dos obstáculos legais apontados no Primeiro Relatório Giovannini:
"Barrier 13: The absence of an EU-wide framework for the treatment of interests in securities.
Barrier 14: National differences in the legal treatment of bilateral netting for financial transactions.
Barrier 15: Uneven application of national conflict of law rules."
Merece transcrição de trecho da explicação referente ao obstáculo 13:
"**EU Member States have different concepts of property and ownership** (often disguised by the use of expressions such as 'proprietary rights' and 'rights in rem' as if they had a meaning common to all EU legal systems.) **The absence of an EU-wide framework for the treatment of interests in securities** (including procedures for the creation, perfection and enforcement of security) **has been identified as the most important source of legal risk in cross-border transactions**" (*grifo nosso*)
Trechos extraídos de COMISSÃO EUROPEIA. *Cross-Border...*, 2001.

[182] O Segundo Relatório Giovannini apresenta medidas para a remoção dos obstáculos, sendo, dentre os obstáculos legais, o numero 13 o mais urgente de ser equacionado, conforme exposto no referido relatório de 2003:
"Barrier 13 is the absence of an EU-wide framework for the treatment of ownership of securities. In modern securities markets, **securities are held for others by intermediaries, for which purpose they maintain accounts. These accounts are treated commercially and economically as being the focus of ownership. However, legally their status differs across the EU**. There is a lack of clarity about who has what rights and of what kind when securities are held for investors by means of an intermediary's accounting records ('book-entries'). Are they the owners because securities have been entered in the accounts, or are they already the owners and the accounts simply record the fact? **The approach to overcoming this barrier should be based on giving legal significance to accounts maintained for others by intermediaries. If there is to be a choice about the status of a securities account maintained by an intermediary - constitutive of ownership or merely a record of it - it should be constitutive.** It is convenient to call this approach Securities Account Certainty. In some Member States, this is already the law for all securities held through accounts, or for certain types of securities. The problem is not that there are 15 different approaches (broadly all EU

ASPETOS JURÍDICOS DA PÓS-NEGOCIAÇÃO DE AÇÕES

trando, assim, divergências e conflitos no tratamento pelas ordenações a aspectos sensíveis como a natureza e propriedade de valores mobiliários escriturais, compensação (*netting*) e regras de conflito de leis.

Encontramos vários estudos e iniciativas no seio da União Europeia que envolvem a questão de pós-negociação. Neles, é recorrente a constatação que o maior problema é a falta de uniformidade no tratamento da propriedade de valores mobiliários e o reconhecimento dos registros escriturais. Neste contexto, e influenciados pelas conclusões dos Relatórios *Giovannini*, a Comissão da União Europeia criou o *EU Clearing and Settlement Legal Certainty Group*, grupo que já divulgou dois documentos com recomendações, em 2006 e 2008 respectivamente, com sugestões para se chegar a uma harmonização e, assim, facilitar uma efetiva integração da pós-negociação com a consequente diminuição de incertezas jurídicas. O segundo documento com sugestões *(Second Advice of the Legal Certainty Group: Solutions to Legal Barriers related to Post-Trading within the EU)*[183] contem, entre outras, recomendações referentes ao reconhecimento de direitos inerentes aos valores mobiliários quando estiverem representados por registro em conta em cadeia de intermediários[184], reconhecimento dos lançamentos escriturais em conta[185] e reconhecimentos de estruturas de

---

legal systems fall within one of a few approaches), but that they all get there in vastly different ways." (*grifo nosso*). COMISSÃO EUROPEIA. *Second Report...*, 2003.

[183] COMISSÃO EUROPEIA. *Second Advice of the Legal Certainty Group: Solutions to Legal Barriers related to Post-Trading within the EU*. EU Legal Clearing and Settlement Legal Certainty Group. 2008. Disponível em: < http://ec.europa.eu/internal_market/financial-markets/docs/certainty/2ndadvice_final_en.pdf >. Acesso em: jan. 2012

[184] **Recommendation 4 – Book-Entry Securities**
4.a The law of the Member States should confer upon account holders a legal position in respect of securities credited to the account holders' securities account which includes the following rights:
– first, to exercise and receive the rights attached to the securities (e.g. voting rights, dividends), as far as the account holder itself is entitled to these rights under the applicable law;
– second, the right to instruct the account provider to dispose of the securities;
– third, the right to instruct the account provider to arrange for holding the securities in a different manner, i.e. holding them either with another account provider or otherwise than with an account provider, as far as permitted under the applicable legal framework.
4.b The conceptual nature of the legal position (e.g., property right, or other) should be left to the national law.
[185] **Recommendation 5 – Effectiveness of Acquisitions and Dispositions of Book-Entry Securities and Interests therein**

registro e detenção de valores mobiliários diversa daquelas adotadas em um mercado doméstico, mas adotada em outro estado membro[186].

Devido à preocupação com os riscos de natureza legal decorrentes das diferenças entre sistemas jurídicos, toma relevo a questão da lei aplicável para reger os contratos e negócios jurídicos referentes a, ou que tenham por objeto, valores mobiliários escriturais[187] e as relações jurídicas que existem devido à cadeia de negociação de valores mobiliários escriturais[188] em situações em que haja elementos de caráter estrangeiro.

5.a Future EU legislation should require Member States' law to recognise acquisitions and dispositions which are rendered effective by one of the following methods:
– crediting an account;
– debiting an account;
– earmarking book-entry securities in an account, or earmarking a securities account;
– concluding a control agreement;
– concluding an agreement with and in favour of an account provider.
5.b The above methods prevail over any other method permitted by the applicable law.
5.c Acquisitions and dispositions arising by mandatory operation of law are effective and have the legal attributes, in particular rank, following the provisions of the applicable law.

[186] **Recommendation 13 – Recognition of Different Holding Patterns for the Purpose of Processing of Corporate Actions**
13.a EU legislation should require the law of Member States to recognise and be compatible with holding patterns used in other jurisdictions in order to improve corporate action processing in a cross border environment.
13.b In particular, Member States' law should recognise
– holding through one or more account providers;
– holding through omnibus accounts; and
– holding of securities by an account provider acting in its own name for the account of another person or other persons, and investors should not be discriminated by the law of the issuer, as regards in particular the exercise of the rights enshrined in their securities, due to the fact that they use one of the above holding models under a law different from the law of the issuer.
13.c This Recommendation does not aim at changing Member States' law determining whom an issuer is bound to recognise as holder of its securities or specifying which particular holding pattern or patterns account providers should offer to their domestic account holders.

[187] Inclui-se a disposição dos mesmos (transferência, doação, compra e venda), outorga de garantias e constituição de gravames sobre valores mobiliários escriturais.

[188] A lei e foro indicados nos contratos entre os investidores e os prestadores de serviço/ intermediários.

2. TENDÊNCIAS INTERNACIONAIS ATUAIS

Extrapolando a esfera da União Europeia, há duas iniciativas ocorridas no plano internacional, contando com a participação de diversos países, além de europeus, e com a participação de representantes do Brasil, que merecem destaque. Tratam- se da Convenção sobre Lei Aplicável a Direitos Referentes a Títulos e Valores Mobiliários Detidos por Intermediário de 05 de julho de 2006[189] ("Convenção de Haia") e da Convenção sobre Regras de Direito Material referente a Valores Mobiliários detidos por Intermediários da UNIDROIT de 09 de outubro de 2009[190] ("Convenção UNIDROIT").

Estas convenções são importantes, pois envolveram intenso e profundo debate sobre a propriedade de valores mobiliários escriturais, os direitos dos titulares de contas em que há valores mobiliários escriturais creditados, a sua disposição e momento de transmissão da propriedade, sempre considerando a ligação, cada vez maior, entre os mercados e os sistemas eletrônicos de negociação.

2.1. A CONVENÇÃO DE HAIA

Com relação à lei aplicável e ao foro competente para as operações transfronteiriças com valores mobiliários, considerando que se trata de questão envolvendo propriedade (execução de uma garantia sobre um valor mobiliário escritural, reconhecimento do *status* de proprietário de um valor mobiliário submetido a uma ordenação jurídica estrangeira por meio de um intermediário ou demonstrar que se é proprietário para afastar que terceiros tomem para si o valor mobiliário) a definição da lei aplicável, na maioria dos estados soberanos incluindo o Brasil[191], dá-se pelo local do bem (*lex situs*). Neste caso, há três abordagens verificadas na prática internacional para se determinar o local do valor mobiliário e, consequentemente a legislação aplicável: (i) a desconsideração da cadeia de intermediários (*look through approach*), considerando-se o local como sendo onde se encontra

---

[189] Convention of 5 July 2006 on the Law Applicable to Certain Rights in Respect of Securities held with an Intermediary.

[190] The UNIDROIT Convention on Substantive Rules for Intermediated Securities, adopted in Geneva, Switzerland on 9 October 2009.

[191] Artigo 8º da Lei de Introdução ao Código Civil.

guardada a cártula, no caso de um valor mobiliário imobilizado, ou, no caso de um valor mobiliário nominativo, o local onde se encontra o livro de registro (logo na sede do emissor ou da instituição financeira que presta tal serviço); (ii) o local do intermediário que mantém a conta onde o valor mobiliário está registrado e contra o qual a parte envolvida se relaciona ou deve reclamá-lo (*Place of the Relevant Intermediary Approach – PRIMA*), neste caso se considera aplicável a lei do local do intermediário que mantém a conta objeto ou relacionada com a lide está situado; e (iii) o local determinado pelas partes em contrato, em que as partes podem determinar a lei aplicável desde que o local guarde relação com o intermediário envolvido, devendo este ter escritório ou filial relacionado com serviço de contas de ativos naquele foro.[192].

Desta forma, a escolha da lei aplicável terá consequências em esfera internacional. Em razão disso, buscaram-se alternativas para se uniformizar as regras de conflito de leis. Em tal contexto, foi discutida e elaborada a Convenção de Haia, que procurou determinar com clareza a lei aplicável em situações que envolvessem valores mobiliários escriturais em cadeia de intermediação.

O foco da Convenção de Haia é buscar um método de se encontrar e definir a legislação aplicável. O problema é simples: há uma cadeia de intermediários entre o emissor e investidor final e muitos países utilizam a regra de *lex situs* (local do ativo, bem) para determinar a lei aplicável e, assim, caem na regra do local do emissor ou de onde esteja registrado o valor mobiliário escritural, desconsiderando, assim, toda a cadeia de intermediação. Isto pode afastar o investidor final do valor mobiliário, ou seja, atribuir titularidade diversa do real titular do interesse econômico. No início dos debates para sua elaboração, a Convenção de Haia apontava para a adoção da regra PRIMA, mas, no final prevaleceu a regra de que a lei aplicável é aquela da lei indicada no instrumento contratual referente à conta de valores mobiliários assinado entre as partes (investidor e seu custodiante), prevalecendo, assim, a autonomia das partes para escolha da lei aplicável. Entretanto, a lei indicada deve ser de um local que guarde conexão fática. A ideia da Convenção de Haia foi num primeiro momento, privilegiar a relação entre o titular da conta e o intermediário, por isso a

---

[192] Praças relevantes como Reino Unido e Nova Iorque permitem a autonomia da vontade em uma situação envolvendo discussão de propriedade de valores mobiliários. BENJAMIN. *Financial Law*, 2007.

liberdade de escolha da lei aplicável no contrato entre ambos. Entretanto, esta liberdade não é absoluta, na medida em que não é possível se determinar qualquer lei indiscriminadamente; a lei escolhida deve ser de um local onde o intermediário mantenha escritório ou filial relacionado à atividade ligadas às contas de valores mobiliários.

A Convenção de Haia tem seu escopo limitado a regras de conflito de leis, ao campo do direito internacional privado, visando trazer previsibilidade e certeza da lei aplicável, pois, nos contratos, costumam ser indicadas leis que fossem favoráveis ou que, ao menos, reconheçam os lançamentos escriturais como prova de propriedade. Entretanto, a relevância da Convenção de Haia é enorme, pois foi precedida de ricos debates sobre desmaterialização, cadeia de intermediários como detentores de valores mobiliários escriturais e outros temas correlatos[193].

Até a presente data, a Convenção de Haia já foi assinada e ratificada pela Suíça e Ilhas Maurício, enquanto que os Estados Unidos apenas a assinaram. Com relação à União Europeia, a Comissão da EU havia se manifestado de forma favorável em 2006, mas o Conselho da EU não se posicionou de forma favorável e, em 14 de dezembro de 2006, o Parlamento Europeu expressamente rejeitou a Convenção de Haia. O motivo da rejeição é que a União Europeia perfila a posição da regra PRIMA[194] e a Convenção

---

[193] "The Hague Securities Convention is not considered law anywhere as the required number of ratifications has not been reached to make the treaty effective. Nevertheless, **the Convention and its Explanatory Report are a treasure trove of information and analytical narrative capable of informing by analogy potential resolutions to jurisdictional questions** such as those raised by the hypothetical. The Hague Securities Convention is discussed in this article in the context of the hypothetical as "soft law." Although the hypothetical likely does not come within the scope of the Hague Securities Convention as defined under Article 2, nevertheless **the novel scheme for establishing a conflicts rule for the indirect holding system functions as a guide.**" (*grifo nosso*) BURKE, John J. A.; OSTROVSKIY, Anatoly. *The Intermediated Securities System: Brussels I Breakdown (13/08/2009)*. The European Legal Forum, n. 5, 2007. Disponível em: <http://ssrn.com/abstract=1448384>. Acesso em: jan. 2012.

[194] Diretiva 2002/47/EC (Diretiva sobre Garantias – Collateral Directive); Diretiva 98/26/EC (Diretiva sobre Liquidação Final – Settlement Finality Directive) e Diretiva 2001/24/EC (Diretiva de Liquidação de Instituições de Crédito – Winding-Up of Credit Institutions Directive), conforme referidas no já citado Occasional Paper 68/agosto 2007 do Banco Central Europeu em sua página 31. Do mesmo documento merece a transcrição da nota número 21 em sua página 32: "The Convention and the EC Directives take a different approach to the law applicable for indirectly held securities. Community legislation is based on a "location of the account" formula. The Convention is based on the law expressed in the relevant account agreement. These two approaches are incompatible and, consequently, the Directives will

de Haia faz com que se prevaleça a autonomia da vontade, sendo a regra PRIMA a subsidiária[195].

2.2. A CONVENÇÃO UNIDROIT

De forma complementar a Convenção de Haia, há a Convenção UNIDROIT. O objetivo central da Convenção UNIDROIT é assegurar o reconhecimento dos registros escriturais, ou seja, definir como titular aquele que estiver com seu nome registrado perante o intermediário relevante consagrando a denominada abordagem funcional (*functional approach*)[196]. A Convenção UNIDROIT, portanto, trata de regras de direito material.

O pressuposto para a elaboração da Convenção UNIDROIT é que a identificação da lei aplicável, objetivo da Convenção de Haia, por si não assegura, sem risco legal, a aquisição, manutenção da propriedade e constituição e execução de garantias sobre valores mobiliários. A lei indicada como aplicável pode não ser adequada ou insuficiente em alguns aspectos para assegurar a segurança jurídica desejada.

Uma vez identificada a lei aplicável, as divergência e incertezas podem ser de várias naturezas: (i) a lei designada ser de um país desenvolvido e com tradição consolidada em mercado de capitais, mas assentada em dou-

---

have to be changed if the Convention is ratified. The Commission made a proposal to sign the Convention at the end of 2003, but Member States have so far been unable to decide on this proposal. On 23 June 2005, the Council asked the Commission to assess four legal issues, namely: (1) scope of application, (2) extent of third-party rights, (3) consequences for substantive and public law and (4) impact of the diversity of laws on settlement systems and prudential regimes. The Commission's legal assessment, issued in the form of a staff working paper, concluded that the first three issues would not pose major difficulties, but that the application of the Convention may affect the financial stability of securities settlement systems. Similarly, the European Parliament passed a resolution in December 2006 which expressed reservations on the agreement and is calling for a proper evaluation of its economic and legal effects. The European Parliament also restated its commitment to the existing Community legislation system. The Council has resumed the debate but remains divided on which approach to take."

[195] BENJAMIN, Joanna. *Financial Law*, 2007, p. 431

[196] Entende-se por abordagem funcional (*functional approach*) a proposição de modelos na convenção e objetivos finais que devem ser alcançados, deixando cada Estado efetivá-los segundo sua ordenação e tradição jurídica. Assim, deve ser concretizado o objetivo da convenção, mas a forma e institutos podem variar em cada país: busca-se o escopo final, os meios ficam a cargo de cada ordenação, desde que se assegure o resultado.

trinas que não encontram aceitação em outras países (caso do Reino Unido que se baseia no conceito de *trust*, típico da *common law*); (ii) a lei designada pode, não reconhecer o bem como valor mobiliário, já que há diferenças conceituais entre as ordenações jurídicas que podem afastar a aplicação de normas (neste caso, tomemos como exemplo os diferentes conceitos de valor mobiliário. Se os sistemas jurídicos criam regras aplicáveis a valores mobiliários, ou seja, a identificação de valor mobiliário é pressuposto para que determinadas normas tenham incidência, é preciso verificar naquele sistema o que se considera valor mobiliário. O Brasil tem o conceito de valor mobiliário previsto em lei, os Estados Unidos tem o conceito de *securities* e, nesses dois casos, estes conceitos determinam o regime jurídico aplicável. Seria ineficaz aplicar regras de valor mobiliário se na ordenação jurídica em questão um contrato, bem ou produto financeiro não for considerado valor mobiliário); (iii) país ou foro que, aparentemente, tem um arcabouço jurídico adequado, mas sem histórico de interpretação e aplicação das normas pelos tribunais locais; e (iv) risco de divergentes normas de ordem pública, de aplicação obrigatória em determinados foros, que podem afetar as relações jurídicas como, por exemplo, regras de falência e insolvência[197] e outras que envolvem questões não passíveis de soluções ou acertos contratuais dentro da esfera da autonomia privada.

Constata-se que não há uniformidade no tratamento dado pelas ordenações nacionais[198] e isto é um risco que persiste, mesmo após a certeza

---

[197] As regras referentes à falência e insolvência são de ordem pública e de aplicação obrigatória. Desta forma, em uma operação transfronteiriça, isto pode ser um componente de risco, pois, ainda que, por exemplo, a lei aplicável seja de um estado que reconheça os registros escriturais, mas se a referida ordenação não prover uma adequada segregação patrimonial não assegurando com certeza que terceiros, na qualidade de credores, não poderão alcançar bens registrados em um intermediário naquele país que, na verdade, são de clientes ou de outros intermediários da cadeia de intermediação típica da operação transfronteiriça. Como se sabe, há ordenações jurídicas que são pró-credor e ordenações jurídicas pró-devedor, logo as consequências das leis de caráter concursal tem efeito direto e estes podem ser indesejados (Roy Goode em diversas de suas obras, como as citadas na bibliografia anexa, destaca a existência de *creditor prone* e *debtor prone jurisdictions*).

[198] "The briefest overview may give the reader an idea of the various degrees of legal elaboration enjoyed by intermediated securities across a handful of jurisdictions. In the United States, the 1977 revision of Article 8 of the Uniform Commercial Code did not include provisions which would take into account the development of the indirect holding system. The 1994 revision of Article 8 stands out as a ground-breaking statute based on an entirely new property concept of "securities entitlement". It has been ratified by all U.S. States; it governs

da lei aplicável em caso de conflito. Podemos afirmar que a Convenção UNIDROIT surge para fazer frente ao panorama atual da intermediação e liquidação dos negócios jurídicos com valores mobiliários onde o nível de desenvolvimento tecnológico e estrutural não foi acompanhado pelo mesmo nível de modernização legislativa e, mesmo quando houve modernização, esta se deu baseada em conceitos antigos ou referentes a outros contextos[199].

Nas operações domésticas, o número de instituições envolvidas é menor, assim como a complexidade, há o investidor, que é cliente de um intermediário (custodiante, geralmente uma corretora ou instituição financeira), e este último acessa e mantém conta de ativos no depositário central. Nessa estrutura vemos que há, entre o investidor e o emissor, apenas um nível de intermediação ou, dependendo de como for o registro em nome do depositário central e o relacionamento deste com o emissor[200], dois níveis

---

the operation of TRADES, the clearing and settlement system for the debt issued by the U.S. Treasury; and it has strongly inspired the recent *Canadian Uniform Securities Trading Act*. In France, a mandatory move to full dematerialisation of investment securities was ordered by one sub-paragraph of the Finance Act for 1982 and a short regulation, later supplemented by detailed regulatory provisions enacted by the securities regulator, but without any comprehensive re-thinking of the rights of account holders and investors. The possibility of issuing uncertificated securities was introduced in the United Kingdom by a 1995 regulation. This allowed for the launch of CREST, a new and efficient securities settlement system, but has not obviated the need for a more fundamental reform of the law governing property interests in investment securities, which currently relies on the legal concept of trust. Japan reformed its relevant legislation in two steps, allowing the issuance of uncertificated debt in 2001 and later providing for the mandatory issuance of uncertificated corporate shares. In Switzerland, the financial industry promptly moved to an almost complete immobilisation and extensive dematerialisation of investment securities based entirely on contractual arrangements between account holders, custodians, and the central securities depository; however, it took 30 years for market participants to request a statutory framework, prompting the Swiss government to prepare a *Draft Federal Intermediated Securities Act*, which is now pending before the Parliament." THÉVENOZ. *Intermediated...*, 2008. p.12.

[199] Neste sentido, por exemplo, a tendência e influencia da doutrina dos títulos de créditos e de documentos corporificados em papel.

[200] Haverá um nível de intermediário se os registros do depositário central atribuírem propriedade sendo equivalentes aos registros direto no emissor (é o caso do Brasil, onde as contas na BM&FBOVESPA como proprietária fiduciária complementam os registros do emissor e escriturador e atribuem propriedade aos investidores e o caso quando todos os valores emitidos são desde a emissão registrados no depositário central e esta atribui a titularidade original, ou seja, o depositário central atua como escriturador ou registro do emissor). Entretanto, se não for um sistema transparente onde o depositário central mantém identificação dos clien-

de intermediários. Entretanto, nas operações transfronteiriças, sói haver cadeia de intermediários bem mais numerosa, envolvendo custodiantes em mais de um país, resultando que o investidor não conhece, e muitas vezes nem tem interesse em conhecer, os intermediários da cadeia acima daquele com o qual ele se relaciona[201].

O risco legal surge devido a interposição de intermediários e independe do direito do investidor ser reconhecido pelo regime de propriedade direta ou se tratar de um direito sobre valores mobiliários em cadeia de intermediários. Entretanto, o risco legal se agrava quando o registro de identificação do investidor existe apenas no intermediário com o qual ele se relaciona e, nesse contexto, quanto mais intermediários envolvidos e maior o número de normas jurídicas nacionais distintas envolvidas, maior ainda o risco legal.

A Convenção UNIDROIT busca, por meio de sua abordagem funcional, mitigar estes riscos levando a harmonização entre as diversas ordenações jurídicas, tornando os resultados da aplicação das normas de direito nacional equivalentes. A harmonização envolve a determinação de objetivos ou resultados a serem atingidos, sendo que o meio e as estruturas jurídicas ficam a cargo de cada sistema jurídico[202].

tes do intermediário, o depositário central irá figurar nos registros do emissor ou de quem fizer a escrituração para este, na sequência o depositário central identificará o intermediário apenas e, então, o intermediário abrirá em seus registros as contas de seus clientes, que são os investidores finais.

[201] Por exemplo, um investidor que possui ações em país diverso daquele de sua residência, poderá estar inserido na seguinte estrutura: o investidor A é cliente de um banco ou corretora local no país de sua residência, este tem contato por meio de sua filial no exterior com um custodiante local que por sua vez tem acesso ao depositário central do país onde foi emitida a ação que o investidor A adquiriu, estando este depositário central registrado como proprietário das ações no banco que faz o registro das ações para a companhia emissora. Nesta hipótese, temos o investidor final numa ponta e, até chegar ao emissor, há sua corretora/banco em seu país, a filial estrangeira de sua corretora/banco, o custodiante no local do investimento, o depositário central e por fim emissor, ou seja, entre o investidor e o emissor há cinco níveis, sendo que destes apenas o relacionamento dele com seu banco/corretora em seu país são regulados pelas leis de seu país de residência e as demais estão submetidas a ordenação jurídica estrangeira.

[202] "For example, to provide that securities held for account holders do not form part of an intermediary's bankruptcy and cannot be reached by its general creditors, a functional rule will avoid relying on notions such as property or trust and prefer words to the effect that the rights of account holders are effective against other creditors and an insolvency administrator.
...

Atualmente, a Convenção UNIDROIT foi assinada apenas por Bangladesh, sem ter sido ratificada ainda. Da mesma forma que a Convenção de Haia, a importância da Convenção UNIDROIT reside no debate que envolveu sua elaboração, aprofundaram-se os estudos, entre outros, sobre valores mobiliários escriturais, detenção de investimentos por meio de intermediários, liquidação de operações com valores mobiliários e constituição e execução de garantias sobre valores mobiliários (margens e colaterais). Claramente, verificaram-se tendências internacionais para o qual as ordenações jurídicas devem convergir, mesmo que sem a assinatura ou ratificação da Convenção UNIDROIT.

Em tese, a combinação da Convenção UNIDROIT com a Convenção de Haia levaria a um cenário ideal, pois teríamos a aplicação da lei do país do intermediário, pela Convenção de Haia, e, se este for signatário da Convenção UNIDROIT, tal legislação, em síntese, reconhecerá o registro escritural como prova da propriedade seguindo, contudo, sua tradição jurídica.

It cannot be mistaken with a uniform law. Parties to that instrument will need to have or put in place statutory provisions setting out the components and structure of the rights investors and secured parties acquire when securities are introduced into the intermediated system. To observers of the European Union, such an instrument is strikingly reminiscent of E.U. regulations, which are typically used for the approximation of national laws and regulations and are "binding, as to the result to be achieved, upon each Member State to which it is addressed, but shall leave to the national authorities the choice of form and methods." THÉVENOZ. *Intermediated...*, 2008. p. 31.

ASPETOS JURÍDICOS DA PÓS-NEGOCIAÇÃO DE AÇÕES

3. ANÁLISE DE OPERAÇÃO TRANSFRONTEIRIÇA DE COMPRA E VENDA DE AÇÕES – ASPECTOS JURÍDICOS E REGULATÓRIOS

Passaremos a analisar a estrutura de uma operação transfronteiriça com valores mobiliários[203]. Alguns pontos, de início, devem ser esclarecidos, por serem premissas do caso a ser apresentado. Consideramos que não existem entraves ou restrições de natureza regulatória para esta operação e, como o foco é a pós-negociação, não consideramos aspectos de proteção ao investidor, divulgação de informações, registros[204] e autorizações necessárias. Pressupomos que o país B, no exemplo, conta com uma estrutura de pós-negociação segregada em participantes por atividade e independentes do sistema de negociação. Assim, há a bolsa de valores (sistema de negociação), a contraparte central, sistema de liquidação de valores mobiliários e depositário central[205]. Também pressupomos que as corretoras atuantes no país B têm acesso direto ao sistema de liquidação de valores mobiliários e depositário central.

Segue, abaixo, dividido em etapas, uma operação transfronteiriça com valores mobiliários que consiste na compra de ações listadas em bolsa em país diverso daquele do investidor:

---

[203] Este exemplo foi elaborado com base na descrição de operação transfronteiriça contida no Primeiro Relatório *Giovannini,* em especial a figura 2.4. (COMISSÃO EUROPEIA. *Cross- -Border...,* 2001) Na verdade, preparamos uma descrição simplificada da operação descrita no Relatório *Giovanni* de 2001.

[204] Registro de emissor e de oferta.

[205] Logo, no exemplo, o país B difere do Brasil onde, no caso de ações, todas essas funções estão centralizadas, até agora, na BM&FBOVESPA.

Etapa 1:	Um investidor residente no país A (INVESTIDOR A) deseja adquirir ações de emissão de uma companhia de outro país. Para tanto, procura uma instituição em seu país A, da qual já é cliente e possui relacionamento, no caso, a CORRETORA A e transmite a ordem que deseja: comprar 100 ações da companhia XYZ com sede no país B.
Etapa 2:	A CORRETORA A transmite a ordem do INVESTIDOR A para uma instituição situada no país B, com qual esta tem relacionamento (pode ser um relacionamento comercial ou societário, sendo uma filial ou integrante do mesmo conglomerado financeiro), a CORRETORA B, que tem acesso ao mercado de bolsa no país B onde a XYZ é listada.
Etapa 3:	A CORRETORA B irá executar a ordem do INVESTIDOR A, repassada pela CORRETORA A, no sistema de negociação da bolsa de valores do país B. Uma vez inserida a oferta, o negócio é fechado, levando à compra de 100 ações da XYZ a $10 cada ação, totalizando, assim, $1.000. O negócio foi feito no pregão da bolsa, tendo como contraparte a CORRETORA C, também atuante no país B, agindo por conta e ordem de um cliente seu residente no país B, o INVESTIDOR D.
Etapa 4:	Por força do negócio fechado no sistema de negociação da bolsa do país B, passa-se à fase de pós-negociação. A bolsa do país B conta com estrutura de contraparte central para a compensação. Assim, após o negócio fechado no pregão, este é registrado na *Clearing House* do país B.
Etapa 5:	Uma vez que o negócio foi fechado, a CORRETORA B informa à CORRETORA A para que esta proceda ao envio dos recursos financeiros para o pagamento da compra.
Etapa 6:	O INVESTIDOR A autoriza a CORRETORA A, por meio de um banco sediado no país A, a remeter recursos financeiros equivalentes à $1.000 a favor da CORRETORA B.
Etapa 7:	A CORRETORA B, tendo recebido os recursos financeiros do INVESTIDOR A, está apta a cumprir as obrigações assumidas no negócio e efetuar o pagamento na data de liquidação no país B. Com relação à contraparte, assim que o negócio foi fechado, as ações vendidas pelo INVESTIDOR D ficaram indisponíveis junto ao depositário central do país B e poderão ser entregues na data de liquidação.

Etapa 8:	Na data de liquidação, a *Clearing House* do país B informará os valores e quantidade de ações a serem pagos e recebidos já em saldo líquido, pois a *Clearing House* atuou como contraparte central e fez compensação multilateral. Suponhamos que só houve este negócio para estas Corretoras, assim o saldo líquido a ser informado pela *Clearing House* ao sistema de liquidação é pagamento de $ 1.000 pela CORRETORA B e entrega de 100 ações XYZ pela CORRETORA C. Diante do resultado após a compensação, o sistema eletrônico de liquidação procederá, de forma simultânea, à transferência de 100 ações XYZ mediante instrução para débito de conta de ativos da CORRETORA C no depositário central do país B contra crédito da mesma quantidade de ações na conta de ativos da CORRETORA B e instruirá o pagamento, por meio do sistema do banco central do país B de $ 1.000 da CORRETORA B para crédito da CORRETORA C (este pagamento pode ser feito em débito da conta da CORRETORA B ou do banco que a represente – banco liquidante – contra crédito em favor direto da CORRETORA C ou em favor de banco que a represente).
Etapa 9:	O INVESTIDOR A possui 100 ações da XYZ compradas na bolsa do país B e custodiadas por meio da CORRETORA B no depositário central do país B.

A seguir, apresentamos comentários e observações referentes a cada etapa.

Etapa 1: *Um investidor residente no país A (INVESTIDOR A) deseja adquirir ações de emissão de uma companhia de outro país. Para tanto procura uma instituição em seu país A da qual já é cliente e possui relacionamento, no caso a CORRETORA A, e transmite a ordem que deseja: comprar 100 ações da companhia XYZ com sede no país B.*

Nessa etapa, não há elemento estrangeiro. O relacionamento do investidor com sua corretora é uma relação objeto de regulação por leis e normas locais. Caso o país A seja o Brasil, o relacionamento entre investidor e corretora é regido pela Instrução CVM nº 505 de 27 de setembro de 2011 (Instrução CVM 505)[206]. O INVESTIDOR A deve ser cadastrado como cliente da CORRETORA A e estar com seu cadastro atualizado.

---

[206] Complementada pelo Ofício Circular 053/2012-DP da BM&FBOVESPA.

Etapa 2: *A CORRETORA A transmite a ordem do INVESTIDOR A para uma instituição situada no país B, com qual esta tem relacionamento (pode ser um relacionamento comercial ou societário, sendo uma filial ou integrante do mesmo conglomerado financeiro), a CORRETORA B, que tem acesso ao mercado de bolsa no país B onde a XYZ é listada.*

Etapa 3: *A CORRETORA B irá executar a ordem do INVESTIDOR A, repassada pela CORRETORA A, no sistema de negociação da bolsa de valores do país B. Uma vez inserida a ordem, o negócio é fechado levando à compra de 100 ações da XYZ a $10 cada ação, totalizando, assim, $1.000. O negócio foi feito no pregão da bolsa tendo como contraparte a CORRETORA C, também atuante no país B, agindo por conta e ordem de um cliente seu residente no país B, o INVESTIDOR D.*

Nestas etapas, transpõem-se os limites de ordenações jurídicas nacionais, pois a CORRETORA A transmite a ordem de seu cliente para a CORRETORA B situada em outro país para sua execução em bolsa estrangeira.

Merece destaque que se o país B fosse o Brasil, a CORRETORA B, sujeita então à Lei 6.385/76 e às normas da CVM, deveria ter cadastro do INVESTIDOR A, mesmo sendo um investidor não residente e a ordem ter sido repassada pela CORRETORA A, de outro país. Em se tratando de investidor não residente, há duas situações possíveis para as corretoras brasileiras: (i) ter o cadastro completo do investidor não residente da mesma forma como faz para seus clientes residentes no Brasil, ou (ii) se valer do cadastro simplificado previsto no artigo 9º da Instrução CVM 505. No exemplo, para a opção pelo cadastro simplificado do INVESTIDOR A junto a CORRETORA B, será preciso observar as seguintes condições[207]: (i) o INVESTIDOR A deve ser cliente em situação cadastral regular na CORRETORA A; (ii) a CORRETORA A deve assumir compromisso com a CORRETORA B de apresentar, sempre que solicitado, informações cadastrais atualizadas do INVESTIDOR A; (iii) a CORRETORA B deve ter critérios para assegurar que a CORRETORA A é confiável, que atenderá solicitações de dados cadastrais de clientes com prontidão e que se coaduna com as regras de seu país de origem; (iv) o país A, onde a CORRETORA A tem sede, não seja considerado de alto risco em matéria de lavagem de dinheiro e financiamento ao terrorismo, e não esteja classificado como não cooperante, por organismos internacionais, em relação ao

---

[207] Teor dos incisos I a V do art. 9º e art. 10 da Instrução CVM 505.

ASPETOS JURÍDICOS DA PÓS-NEGOCIAÇÃO DE AÇÕES

combate a ilícitos dessa natureza; (v) o órgão regulador do mercado de capitais do país A tenha celebrado com a CVM acordo de cooperação mútua que permita o intercâmbio de informações financeiras de investidores, ou seja, signatário do memorando multilateral de entendimento *da International Organization of Securities Commissions* (IOSCO); (vi) atender as regras da BM&FBOVESPA referente a cadastro de investidores não residentes[208]; e (vii) a CORRETORA A e a CORRETORA B devem ter contrato escrito celebrado no qual conste, entre outras disposições, a obrigatoriedade de sua sujeição às leis brasileiras e atribuição de competência ao foro brasileiro ou compromisso arbitral para arbitragem a ser feita ano Brasil.

Com relação às etapas 2 e 3, se o Brasil não for envolvido, não acrescentamos nenhum outro comentário, pois ainda estamos na fase de negociação e o objeto da presente análise é a fase de pós-negociação.

Etapa 4: *Por força do negócio fechado no sistema de negociação da bolsa do país B, passa-se à fase de pós-negociação. A bolsa do país B conta com estrutura de contraparte central para a compensação, assim após o negócio fechado no pregão este é registrado na Clearing House do país B.*

Aqui se inicia a fase de pós-negociação, sujeita às regras do país B.

Como já mencionado anteriormente, as estruturas de pós-negociação podem ser integradas ou independentes e, quando integradas, esta integração pode ser vertical ou horizontal. A integração vertical, ou de modelo silo, inclui desde a fase de negociação até a liquidação, podendo incluir também o depositário central. Este é o caso do Brasil. Se o país B fosse o Brasil, negociação, ao menos hoje, ocorreria em sistema da BM&FBOVESPA e a fase de compensação, etapa seguinte e já pós-negociação, também seria na BM&FBOVESPA. Outros países que também têm estrutura de silo são: a Itália, onde desde os sistemas de negociação até o depositário central pertencem ao mesmo grupo econômico da *Borsa Italiana*, hoje, sob o controle da *London Stock Exchange,* e a Alemanha, com o *Deutsche Börse Group*[209].

---

[208] Regras contidas no Capítulo XXVI do Regulamento de Operações do Segmento BOVESPA da BM&FBOVESPA e Capítulo XXVI do Manual de Procedimentos Operacionais do Segmento BOVESPA da BM&FBOVESPA.

[209] Ressaltamos que no caso do Brasil a integração é total, sendo uma única pessoa jurídica, a BM&FBOVESPA, a executar todas as atividades desde a negociação, a pós-negociação e depositário central. No caso da Itália e Alemanha, são diferentes instituições, mas do mesmo

Já na concentração horizontal, há integração de instituições responsáveis pelas diferentes etapas da cadeia de pós-negociação, por exemplo, temos o caso norte americano onde o DTCC Group assume toda a pós-negociação e o grupo Euroclear.

Como a *Clearing House* do país B atua como contraparte central, desde o registro do negócio, esta assumiu a posição de parte no negócio, o que possibilita a compensação multilateral, e expõe ambas as partes ao mesmo risco de crédito: o risco de crédito da *Clearing House*, logo um risco de crédito uniforme, previsto e que conta com gerenciamento adequado[210].

Etapa 5: *Uma vez que o negócio foi fechado, a CORRETORA B informa a CORRETORA A para que esta proceda ao envio dos recursos financeiros para o pagamento da compra.*

Etapa 6: *O INVESTIDOR A autoriza a CORRETORA A, por meio de um banco sediado no país A, a remeter recursos financeiros equivalentes à $1.000 a favor da CORRETORA B.*

Estas etapas tratam de providências necessárias ao pagamento. Merece destaque que, neste ponto, se evidencia um risco específico de operações transfronteiriças onde há moedas diferentes: o risco decorrente de câmbio e remessa de recursos. Este risco decorre da possível não entrega de recursos ou atraso por força de restrições regulatórias ou falhas operacionais nas transferências e na conversão de moeda de um país para outro por meio dos bancos envolvidos. Pode, ainda, ensejar a exigência de garantias específicas para mitigá-lo.

Etapa 7: *A CORRETORA B tendo recebido os recursos financeiros do INVESTIDOR A está apta a cumprir as obrigações assumidas no negócio e efetuar o paga-*

---

grupo (Itália: Cassa Compensazione e Garanzia e Montetittoli; Alemanha: Eurex Clearing e Clearstream).

[210] Se estivéssemos falando do Brasil, a atuação de *Clearing House* é assegurada ela Lei 10.214/01. Sem se ater a um país específico, vamos assumir que as recomendações do *Committee on Payment and Settlement Systems (CPSS)* do *Bank for International Settlements (BIS)* foram observadas. A CPSS, junto com a IOSCO, baixou os seguintes documentos: *Core Principles for systemically important payment systems (2001), Recommendations for securities settlement systems (2001)* e *Recommendations for central counterparties (2004)*. Estes documentos foram substituídos, em abril de 2012, pelos *Principles for Financial Market Infrastructures* também do CPSS-IOSCO.

mento na data de liquidação no país B. Com relação à contraparte, assim que o negócio foi fechado, as ações vendidas pelo INVESTIDOR D ficaram indisponíveis junto ao depositário central do país B e poderão ser entregues na data de liquidação.

Nesta etapa, vemos que a CORRETORA B está apta a adimplir a obrigação assumida na bolsa: efetuar o pagamento pela compra em moeda local do país B. De modo análogo, o INVESTIDOR D também está apto a cumprir sua obrigação, pois possui os valores mobiliários que vendeu e estes estão prontos para a entrega. Pelo fato da compra e venda ter sido feita em bolsa, é necessário que os valores mobiliários estejam em um depositário central, pois, do contrário, fica impossibilitada a entrega no prazo regulamentar e a sincronização com o pagamento.

Com relação ao depositário central do país B, sua estrutura pode ser classificada como transparente ou não transparente. Se no depositário central houver identificação dos acionistas, no caso, se o INVESTIDOR D for identificado nos registros do depositário central, estamos falando de um sistema transparente, como é o caso brasileiro. Por outro lado, se os registros do depositário central apenas identificarem as ações em nome da CORRETORA C, por ser esta participante do sistema do depositário central, e a identificação do INVESTIDOR D ficar a cargo exclusivo dos registros da CORRETORA C, estaremos diante de um sistema não transparente. Na hipótese de ser um sistema não transparente, surge uma questão jurídica relevante: a que título ou sob qual forma a CORRETORA C detém o valor mobiliário e qual a natureza do bem do INVESTIDOR D.

Estando as ações em nome da CORRETORA C, o INVESTIDOR D não é reconhecido como acionista pela XYZ, e para exercer direitos contra a XYZ, este precisa fazê-lo por meio da CORRETORA C. Se o país B fosse a Inglaterra, a CORRETORA C seria *trustee* e o INVESTIDOR D o *beneficial owner*, logo, o direito dele, diverso do valor mobiliário em si, seria baseado em um *trust*. Se estivéssemos falando dos Estados Unidos, o INVESTIDOR D teria um *securities entitlement*, com base no artigo 8º do *Uniform Commercial Code*, que poderia ser exercido contra a CORRETORA C. Em ambas as ordenações jurídicas nacionais, da família da *common law*, o patrimônio do INVESTIDOR D estaria protegido da insolvência da CORRETORA C e salvo de confusão patrimonial. Já se o país B fosse um país de tradição romano-germânica, seria necessário verificar como se dá a proteção da propriedade, no geral, são criadas regras específicas para reconhecer a propriedade do titular da conta e afastar a confusão com o patrimônio do intermediário, neste caso a CORRETORA C. Esta linha de solução foi observada, por exemplo, na Bélgica e Luxemburgo, respectivamente, sedes da Euroclear e Clearstream. O Brasil com a propriedade fiduciária prevista no art. 41 da Lei 6.404/76 seguiu trilha semelhante. Importante mencionar que a situação de propriedade direta implica a ligação do investidor com o emissor e a possibilidade de exercer direitos contra o emissor e isto pode ocorrer mesmo em um sistema não transparente, pois a ausência de identificação do investidor final no depositário central não afasta, por si, a caracterização de propriedade direta.

O fato é que para o operador do direito interessa, numa situação dessa, perquirir se o sistema é transparente ou não transparente (ou seja se existe a identificação do investidor final no depositário central) e, não sendo, indagar qual a situação do investidor frente ao intermediário, pois a sua identificação pode existir apenas no intermediário com o qual se relaciona e, se este nível na cadeia for desconsiderado, isto pode significar a perda do investimento efetuado, pois em níveis acima um terceiro será reconhecido como titular do valor mobiliário ou do direito contra um intermediário em nível acima. Esta preocupação do jurista independe do sistema jurídico em questão ser *common law* ou romano-germânico.

Etapa 8: *Na data de liquidação, a Clearing House do país B informará os valores e quantidade de ações a serem pagos e recebidos já em saldo líquido, pois a Clearing House atuou como contraparte central e fez compensação multilateral. Suponhamos que só houve este negócio para estas Corretoras, assim o saldo líquido a ser informado pela Clearing House ao Sistema de Liquidação é pagamento de $ 1.000 pela CORRETORA B e entrega de 100 ações XYZ pela CORRETORA C. Diante do resultado, após a compensação, o sistema eletrônico de liquidação procederá, de forma simultânea, à transferência de 100 ações XYZ por meio de instrução para débito de conta de ativos da CORRETORA C no depositário central do país B contra crédito da mesma quantidade de ações na conta de ativos da CORRETORA B e instruirá o pagamento, por meio do sistema do banco central do país B de $ 1.000 da CORRETORA B para crédito da CORRETORA C (este pagamento pode ser feito em débito da conta da CORRETORA B ou do banco que a represente – banco liquidante contra crédito em favor direto da CORRETORA C ou em favor de banco que a represente).*

Nesta etapa, há a efetiva liquidação, com a entrega contra pagamento. Para esta liquidação ser efetiva, é preciso que o crédito de ações na conta

ASPETOS JURÍDICOS DA PÓS-NEGOCIAÇÃO DE AÇÕES

da CORRETORA B (ou do INVESTIDOR A sob a CORRETORA B se for um sistema transparente) seja definitivo e irrevogável, atribuindo propriedade sobre os valores mobiliários de acordo com o arranjo da ordenação jurídica em questão. Com relação ao pagamento, é preciso que este seja também irrevogável e definitivo, preferencialmente, em moeda do banco central, por meio de transferência em reservas bancárias entre instituições financeiras.

Etapa 9: *O INVESTIDOR A possui 100 ações da XYZ compradas na bolsa do país B e custodiadas por meio da CORRETORA B no depositário central do país B.*
Uma vez concluída a liquidação, o investidor é titular de 100 ações XYZ ou de direitos referente às ações XYZ. Em termos econômicos, o INVESTIDOR A é proprietário de 100 ações da XYZ no país B. A seu turno, juridicamente, é preciso verificar a natureza daquilo que o investidor possui, que, como demonstrado, poderá variar. O importante é assegurar que os seus direitos, sejam de propriedade, pessoais ou ainda contratuais, estejam protegidos e que seu interesse econômico possa ser preservado, de forma que tenha total liberdade de mantê-lo e de dispor como lhe aprouver.

Conclusões

Podemos concluir que os valores mobiliários escriturais são a forma dominante de valor mobiliário no Brasil e no mundo. Seguramente, os valores mobiliários contribuíram para forjar a estrutura atual de liquidação de operações em escala global, por contribuírem para o crescimento das operações transfronteiriças.

A ordenação jurídica brasileira, além de reconhecer a forma escritural de valores mobiliários, sendo pioneira em relação às ações, desde a edição da Lei 6.404/76, fornece base jurídica sólida para a desmaterialização das ações assegurando os direitos do acionista.

Considerando o mercado brasileiro, as ações escriturais são uma garantia para o investidor, por reduzir o risco de fraudes e falsificações e facilitar sua disposição, pois a forma escritural viabiliza o ingresso das ações na central depositária da bolsa de valores, requisito para a venda.

A ordenação jurídica pátria reconhece a propriedade de ações escriturais atribuída em decorrência de lançamentos a crédito em conta de valores mobiliários, tanto nas contas da instituição financeira prestadora de serviços de ações escriturais, como nos registros do depositário central de valores mobiliários. Desta forma, há certeza e segurança jurídica quanto aos lançamentos escriturais em contas de ativos no Brasil[211].

---

[211] E tal certeza, por decorrer de lei em sentido estrito, afasta a necessidade de construções doutrinária que podem ter dificuldade de aceitação por outros estados soberanos, como ocorre com os *trusts* usados no Reino Unido.

ASPETOS JURÍDICOS DA PÓS-NEGOCIAÇÃO DE AÇÕES

A estrutura de pós-negociação no Brasil é dotada de base legal clara, consistente e sólida, fundada em lei em sentido estrito e normas regulatórias e de autorregulação com fundamento legal explícito. O Sistema de Pagamentos Brasileiro assegura, desde 2002, certeza de liquidação, finalidade e irrevogabilidade dos pagamentos efetuados atribuindo base jurídica assentada em lei às práticas já realizadas, anteriormente, pelo mercado, mas antes com base contratual, assim, houve um avanço.

Com relação às instituições, no mercado de capitais brasileiro, até a data do presente trabalho, as operações com ações, em toda sua cadeia desde a negociação até a liquidação, estão concentradas na BM&FBOVESPA.

A BM&FBOVESPA está adequada a todos os padrões internacionais no que se refere a gerenciamento de risco, controle de garantias, atuação como contraparte central e guarda de ativos. Desta forma, para efeito de risco sistêmico, combinando os sistemas de negociação, estrutura de liquidação e custódia da BM&FBOVESPA, assunção de posição de contraparte central pela BM&FBOVESPA e o Sistema de Pagamentos Brasileiro, o mercado de capitais apresenta um alto grau de confiabilidade e segurança.

A estrutura de depositário central brasileiro é transparente, ou seja, identifica o investidor final em seus registros. Este tipo de estrutura, já foi criticada por ser mais cara e menos favorável às operações transfronteiriças, por dificultar a interposição de intermediários, dificultando, por exemplo, uma rápida constituição de garantias sobre os valores mobiliários registrados em conta em cada nível da cadeia de intermediação. Entretanto, em situações de crises que o mundo viveu em 2008, a solidez e segurança do sistema brasileiro foi evidenciada. Verifica-se que a estrutura transparente favorece um adequado controle de risco e supervisão integrada dos participantes do mercado. Além disso, é mais seguro para o investidor. Desta forma, não acreditamos que o Brasil e seu regulador de mercado de capitais, a CVM, mudem ou afrouxem esta estrutura, que, aliás, tem sido aventada como modelo para ser seguido[212].

Com relação às normas regulamentares vigentes, é oportuna a iniciativa da CVM de rever e atualizar as regras referente as atividades de depositário central, custodiante e escriturador. De plano, considerando o teor das

---

[212] Por exemplo, vide matéria do Financial Times, apesar de ser focada em derivativos, demonstra a solidez da pós-negociação no país: *Brazil a possible model for derivatives reform*, Financial Times (19.08.11) Disponível em: < http://www.ft.com/intl/cms/s/0/7650e14a-ca38-11e0-a0dc-00144feabdc0.html >. Acesso em: jan. 2012.

CONCLUSÕES

minutas de novas instruções divulgadas, a clara definição das atividades e responsabilidades será de grande valia, sem contar no aprimoramento terminológico.

Com relação ao cenário internacional, ficou evidente que as Convenções de Haia e UNIDROIT foram importantes pela riqueza dos debates que as antecederam. Assim, mesmo que tardem para ser ratificadas e entrar em vigor, já servem de modelo e sinalizam a tendência de harmonização para questões envolvendo valores mobiliários escriturais. Já contribuem como *soft law*.

Para o Brasil, sob o ponto de vista do reconhecimento do registro em conta como meio de atribuir propriedade ao investidor, a ratificação das convenções não trará inconvenientes ou surpresa, já que nossa ordenação está adaptada, neste ponto, ao teor de ambas e sua internalização não acarretará alterações nos diplomas relevantes para o assunto, notadamente as Leis 6.385/76 e 6.404/76.

Sob o prisma de ambas as convenções, as regras jurídicas brasileiras seguem os padrões internacionais e estão alinhadas com as tendências evidenciadas nos debates precursores de tais convenções.

A estrutura brasileira de pós-negociação e sua base normativa se adequam aos princípios aplicáveis divulgados pelo *Bank for International Settlements* (BIS) e *International Organization of Securities Commissions* (IOSCO), em abril de 2012, por meio do documento *Principles for Financial Market Infrastructures*[213]. Entretanto, caso sejam necessárias adaptações, serão pontuais e de fácil conclusão.

---

[213] BANCO DAS COMPENSAÇÕES INTERNACIONAIS (BIS). *Principles for Financial Market Infrastructures*. Committee on Payment and Settlement Systems and Technical Committee of the International Organization of Securities Commissions, abr. de 2012. Disponível em: < http://www.bis.org/publ/cpss101a.pdf >. Acesso em: set. 2013.

BIBLIOGRAFIA

ABRÃO, Nelson. *Direito Bancário*. 7. ed. São Paulo: Saraiva, 2001.

ALEXANDER, Kern. The development of a uniform choice of Law rule for taking of collateral interests in securities, Part 1. *Butterworths Journal of International Banking and Financial Law*, p. 436-442, dez. 2002.

_____. The development of a uniform choice of Law rule for taking of collateral interests in securities, Part 2. *Butterworths Journal of International Banking and Financial Law*, p. 56-64, fev. 2003.

ALMEIDA, Amador Paes de. *Curso de falência e recuperação de empresa*. São Paulo: Saraiva, 2005.

ASCARELLI, Tullio. *Teoria Geral dos Títulos de Crédito*. 2. ed. São Paulo: Saraiva, 1969.

BANCO CENTRAL EUROPEU (ECB); COMMITTEE OF EUROPEAN SECURITIES REGULATORS (CERS). *Standards for Securities Clearing and Settlement in the European Union*. September 2004 Report. Disponível em: <http://www.ecb.int/pub/pdf/other/escb-cesr-standardssecurities2004en.pdf>. Acesso em: jan. 2012.

BANCO DAS COMPENSAÇÕES INTERNACIONAIS (BIS). *Report of the Committee on Interbank Netting Schemes of the Central Banks of the Group of Ten Countries*. nov. de 1990. Disponível em: < http://www.bis.org/publ/cpss04.pdf >. Acesso em: jan. 2012.

_____. *Delivery versus Payment in Securities Settlement Systems*. set. de 1992. Disponível em: <http://www.bis.org/publ/cpss06.pdf> e em <http://www.bcb.gov.br/htms/spb/Dvp-Port.pdf>. Acesso em: dez. 2011.

_____. *Real Time Gross Settlement Systems Report*. mar. de 1997. Disponível em: <http://www.bis.org/publ/cpss22.pdf> e em <http://www.bcb.gov.br/htms/spb/LBTR.pdf>. Acesso em: dez. 2011.

_____. *Core Principles for systemically important payment systems*. jan. de 2001. Disponível em: <http://www.bis.org/publ/cpss43.pdf>. Acesso em: dez. 2011.

_____; International Organization of Securities Commissions (IOSCO). *Recommendations for Securities Settlement systems*. jan. de 2001. Disponível em: <http://www.bis.org/publ/cpss42.pdf>. Acesso em: dez. 2011.

_____. *Recommendations for Securities Settlement Systems. Committee on Payment and Set-*

tlement Systems. Technical Committee of the International Organization of Securities Commissions, nov. de 2001. Disponível em: <http://www.bis.org/publ/cpss46.pdf>. Acesso em: jan. 2012.

_____. *Recommendations for Central Counterparties*. Technical Committee of the International Organization of Securities Commissions, nov. de 2004. Disponível em: < http://www.bis.org/publ/cpss64.pdf>. Acesso em: jan. 2012

_____. *Principles for Financial Markets Infrastructures*. Committee on Payment and Settlement Systems. Technical Committee of the International Organization of Securities Commissions, abr. de 2012. Disponível em: < http://www.bis.org/publ/cpss101a.pdf>. Acesso em: set. 2013.

BENJAMIN, Joanna. *Interests in Securities*. 1. ed. Oxford: Oxford University Press, 2000.

_____. *Financial Law*. 1. ed. Oxford: Oxford University Press, 2007.

_____; MONTAGU, Gerald; YATES, Madeleine. *The Law of Global Custody*. 2. ed. Londres: Butterworths, 2003.

_____; YATES, Madeleine. *Legal Risk Management in Global Securities Investment and Collateral*. Londres: Tottel Publishing, 2002.

BERNASCONI, Christophe. *La Convention de La Haye, une chance pour l'Europe!*. Disponível em: <http://www.hcch.net/upload/agefi.pdf.> Acesso em: jan. 2012.

BEZERRA FILHO, Manoel Justino. *Lei de Recuperação de Empresas e Falências: Comentada*. 5. ed. São Paulo: Revista dos Tribunais, 2008.

BORBA, Gustavo Tavares. A desmaterialização dos títulos de crédito. *Revista de Direito Renovar*, n. 14, p. 85-102, mai./ago. 1999.

BORGES, João Eunápio. *Títulos de Crédito*. 2. ed. Rio de Janeiro: Forense, 1983.

BORGES, Sofia Leite; LOUREIRO, Catarina Tavares. *Liquidação transfronteiriça de valores mobiliários: desenvolvimentos recentes no espaço europeu*. Cadernos do Mercado de Valores Mobiliários, n. 25, dez. de 2006. Disponível em: <http://www.cmvm.pt/CMVM/Publicacoes/Cadernos/Documents/428423c525a94b129fbe703fec15a2e2Dossier3.pdf>. Acesso em: jan. 2012.

BULGARELLI, Waldirio. *Títulos de Crédito*. 11. ed. São Paulo: Atlas, 1995.

_____. Os valores mobiliários brasileiros como títulos de crédito. *Revista de Direito Mercantil, Industrial, Econômico e Financeiro*, n. 37, p. 94-112, 1980.

BURKE, John J. A.; OSTROVSKIY, Anatoly. *The Intermediated Securities System: Brussels I Breakdown (13/08/2009)*. The European Legal Forum, n. 5, 2007. Disponível em: <http://ssrn.com/abstract=1448384>. Acesso em: jan. 2012.

CÂMARA, Paulo. *Manual de Direito dos Valores Mobiliários*. Coimbra: Almedina, 2009.

CARREAU, Dominique; FLORY, Thiébaut; JUILLARD, Patrick. *Droit International Économique*. Paris: Librerie General de Droit et Jurisprudence, 1990.

CARVALHO DE MENDONÇA, J. Xavier. *Direito Commercial Brasileiro*. 2. ed. Rio de Janeiro: Freitas Bastos, 1934. v. 5 e 6.

CARVALHOSA, Modesto. *Comentários à Lei de Sociedades Anônimas*. 2. ed. São Paulo: Saraiva, 1997.

_____; EIZIRIK, Nelson. *A Nova Lei das S/A*. São Paulo: Saraiva, 2002.

CHAN, Diana; FONTAN, Florence; ROSATI, Simonetta; RUSSO, Daniela. *The Securities Custody System*. Ocasional Paper Series, n. 68, ago. 2007. Disponível em: <http://www.

BIBLIOGRAFIA

ecb.int/pub/pdf/scpops/ecbocp68.pdf>. Acesso em: jan. 2012.

COFFEE JR., John C. *et al. Securities Regulation Cases and Materials.* 8. ed. Nova Iorque: Foundation Press, 1998.

COMISSÃO EUROPEIA. *Cross-Border Clearing and Settlement Arrangements in the European Union.* The Giovannini Group, nov. de 2001. Disponível em: <http://ec.europa.eu/ internal_market/financial-markets/docs/clearing/first_giovannini_report_en.pdf>. Acesso em: jan. 2012.

_____. *Second Report on EU Clearing and Settlement Arrangements.* The Giovannini Group, abr. de 2003. Disponível em: <http://ec.europa.eu/internal_market/financial-markets/ docs/clearing/second_giovannini_report_en.pdf>. Acesso em: jan. 2012.

_____. *Second Advice of the Legal Certainty Group: Solutions to Legal Barriers related to Post- -Trading within the EU.* EU Legal Clearing and Settlement Legal Certainty Group. 2008. Disponível em: < http://ec.europa.eu/internal_market/financial-markets/docs/ certainty/2ndadvice_final_en.pdf >. Acesso em: jan. 2012.

COMPARATO, Fábio Konder. *Novos Ensaios e Pareceres de Direito Empresarial.* Rio de Janeiro: Forense, 1981.

_____. *Direito Empresarial: Estudos e Pareceres.* São Paulo: Saraiva, 1990.

COSTA, Roberto Teixeira da. *Mercado de Capitais: uma trajetória de 50 anos.* São Paulo: Imprensa Oficial do Estado de São Paulo, 2006.

COVAS, Silvânio. O contrato no ambiente virtual. Contratação por meio da informática. *Revista de Direitos Bancário, do Mercado de Capitais e da Arbitragem,* n. 05, p. 100-122, mai./ ago. 1999.

CUNHA FILHO, Silvio. Cédula de Crédito Bancário. Revista de Direito Bancário, do Mercado de Capitais e da Arbitragem. São Paulo, n. 08, p. 256-263, abr./jun. 2000.

DAVID, René. *Os Grandes Sistemas do Direito Contemporâneo.* 4. ed. São Paulo: Martins Fontes, 2002.

DE LUCCA, Newton. *Aspectos da Teoria Geral dos Títulos de Crédito.* São Paulo: Livraria Pioneira, 1979.

_____. *A Cambial-Extrato.* São Paulo: Saraiva, 1985.

_____. *As Bolsas de Valores e os Valores Mobiliários. Revista do Tribunal Regional Federal 3ª Região,* n. 35, p. 19-38, jul./set. 1998. Separata.

_____. *Aspectos Jurídicos da Contratação Informática e Telemática.* 1. ed. São Paulo: Saraiva, 2003.

_____. Novas Fronteiras dos Contratos Eletrônicos nos Bancos. *Revista de Direito Bancário, do Mercado de Capitais e da Arbitragem,* v. 6, n. 21, p. 113-183, jul./set. 2003.

_____. Títulos e Contratos Eletrônicos: O Advento da Informática e seu Impacto no Mundo Jurídico. In: *Direito e Internet Aspectos – Jurídicos Relevantes.* DE LUCCA, Newton; SIMÃO FILHO, Adalberto (Coord.). 2. ed. São Paulo: Quartier Latin, 2005. p. 21 a 100.

_____; SIMÃO FILHO, Adalberto. *Comentários à nova lei de recuperação de empresas e de falências.* 1. ed. São Paulo: Quartier Latin, 2005.

DEGUÉE, J.-P.; DEVOS, D. *La loi applicable aux titres intermédiés: l'apport de la Convention de La Haye de décembre 2002.* jan. de 2006. Disponível em: <*http://www.hcch.net/upload/ deguee36.pdf>.* Acesso em: jan. 2012.

Dickinson, Keith. *Global Custody.* 3. ed. rev. Londres: Securities Institute (Services) Ltd.,

1996.

DONALD, David C. *The Rise and Effects of the Indirect Holding System - How Corporate America Ceded its Shareholders to Intermediaries*, September 26, 2007. Disponível em: <http://ssrn.com/abstract=1017206>. Acesso em: jan. 2012.

EFFROS, Robert C. Electronic Payment Systems – Legal Aspects. In: *Legal Issues in Electronic Banking*. HORN, Norbert (Ed.). Haia: Kluwer Law International, 2002, p. 189-210

EIZIRIK, Nelson. *Questões de Direito Societário e Mercado de Capitais*. 1. ed. Rio de Janeiro: Forense, 1987.

_____. *Reforma das S.A .e do Mercado de Capitais*. 2. ed. São Paulo: Renovar, 1998.

_____; GAAL, Ariadna B.; PARENTE, Flávia; HENRIQUES, Marcus de Freitas. *Mercado de Capitais – Regime Jurídico*. 2. ed. rev. e ampl. Rio de Janeiro: Renovar, 2011.

FERREIRA, Amadeu José. *Valores Mobiliários Escriturais: Um novo modo de representação e circulação de direitos*. Coimbra: Almedina, 1997.

FERREIRA, Waldemar Martins. *Instituições de Direito Commercial*. Rio de Janeiro: Freitas Bastos, 1953.

FRANCO, Vera Helena de Mello. *Manual de Direito Comercial*. 1. ed. São Paulo: Revista dos Tribunais, 2005. v. 02.

FRONTINI, Paulo Salvador. Títulos de Crédito Circulatórios: que futuro a informática lhes reserva?. *Revista dos Tribunais*, v. 85, n. 730, p. 50-67, ago. 1996.

GOMES, Orlando. *Contratos*, 14. ed. Rio de Janeiro: Forense, 1994.

GOODE, Roy M. *Commercial Law*. New Edition. Londres: Penguin, 1995.

_____. *Principles of Corporate Insolvency Law*. 2. ed. Londres: Sweet&Maxwell, 1997.

_____; KANDA Hideki; KREUZER, Karl. *Explanatory Report on the 2006 Hague Securities Convention*. Haia: HCCH Publications, 2005.

GUERREIRO, José Alexandre Tavares. *Propriedade Fiduciária de Ações*. In: Reforma da lei das sociedades anônimas: inovações e questões controvertidas da lei 10.303, de 31.10.2001. LOBO, Jorge. (Coord.). 1.ed. Rio de Janeiro: Forense, 2002. p. 51-59

HAGUE CONFERENCE ON PRIVATE INTERNATIONAL LAW. *The Law Applicable to Dispositions of Securities Held through Indirect Holding Systems*. Preliminary Document No 1 of November 2000 for the attention of the Working Group of January 2001, Report prepared by Christophe Bernasconi. Disponível em: <http://www.hcch.net/upload/sec_pd01e.pdf>. Acesso em: jan. 2012.

_____. *Convention of 5 July 2006 on the Law Applicable to Certain Rights in Respect of Securities Held with an Intermediary*. Disponível em: <http://www.hcch.net/upload/conventions/txt36en.pdf>. Acesso em: jan. 2012.

KANDA, Hideki. *Direct and Indirect Holding Systems. How can they coexist and be connected internationally? A functional approach*. Seminar on Intermediated Securities realizado na cidade de Berna na Suíça de 15 a 17 de setembro de 2005. Disponível em: <http://www.unidroit.org/english/documents/2005/study78/s-78-sem01-e.pdf.> Acesso em: janeiro 2012.

KARYOTIS, Catherine. *Mondialisation des marchés et circulation des titres*. Paris: Revue Banque Edition, 2005.

KEIJSER, Thomas. *Financial Collateral Arrangements*. Nova Iorque: Aspen Publishers, 2006.

LAMY FILHO, Alfredo. *A Lei das S/A (pressupostos, elaboração, aplicação)*. Rio de Janeiro:

BIBLIOGRAFIA

Renovar, 1992.

LANA, Maria Aparecida Cunha. Responsabilidade na Transferência de Ações Escriturais negociadas em Bolsas de Valores. *Revista da CVM*, v. 3, n. 8, p. 49-53, 1985.

LEÃES, Luiz Gastão Paes de Barros. Liquidação Compulsória de Contratos Futuros. *Revista dos Tribunais*, v. 81, n. 675, p. 44-55, 1992.

_____. *Estudos e Pareceres sobre Sociedades Anônimas*. São Paulo: Revista dos Tribunais, 1989.

LOPES, Jerónimo. *Clearing e Liquidação no Projeto Euronext*. Cadernos do Mercado de Valores Mobiliários, n. 13, abr. de 2002. Disponível em: <http://www.cmvm.pt/CMVM/Publicacoes/Cadernos/Documents/bee1f3e22fdb4e24b1438e66749ed278Clearing_Proj_Euronext.pdf>. Acesso em: jan. 2012.

LINCIANO, Nadia; SICILIANO, Giovanni; TROVATORE, Gianfranco. *The Clearing and Settlement Industry: Structure, Competition and Regulatory Issues*, mai. de 2005. Disponível em: <http://ssrn.com/abstract=777508>. Acesso em: jan. 2012.

LOADER, David. *Clearing, Settlement and Custody*. Oxford: Butterworth Heinemann, 2002.

MAGALHÃES, Roberto Barcellos de. *Lei das S/A: comentários por artigos*. 2. ed. Rio de Janeiro: Freitas Bastos, 1997.

MATTOS FILHO, Ary Oswaldo. O Conceito de Valor Mobiliário. *Revista de Direito Mercantil, Industrial, Econômico e Financeiro*, n. 59, p. 30-55, 1985.

MATTOUT, Jean-Pierre. *Droit Bancaire International*, 2. ed. Paris: La Revue Banque, 1999.

McINTYRE, Hal. *How the US Securities Industry Works*. 2. ed. Nova Iorque: The Summit Group Press, 2004.

MESSINEO, Francesco. *Operazioni di Borsa e di Banca*. Milão: Giuffrè, 1966.

MICHELER, Eva. *The Legal Nature of Securities - Inspirations from Comparative Law*, out. de 2009. Disponível em: <http://ssrn.com/abstract=1481427>. Acesso em: jan. 2012.

_____. *Property in Securities: A comparative study*. Cambridge: Cambridge University Press, 2007.

MIRANDA, Pontes de. *Tratado de Direito Privado*. Rio de Janeiro: Borsoi, 1966. v. 24, 43 e 52.

MOSHINSKY, Mark. Securities held through a Securities custodian – conflict of laws issues. *The Oxford Colloquium on Collateral and Conflict of laws, Special Supplement to Butterworths Journal of International Banking and Financial Law*, p. 18-21, set. 1998.

MOSQUERA, Roberto Quiroga. *Tributação no Mercado de Capitais*. 1. ed. São Paulo: Dialética, 1998.

NOGUEIRA, André Carvalho. Propriedade fiduciária em garantia: o sistema dicotômico da propriedade no Brasil. *Revista de Direito Bancário e do Mercado de Capitais*, v. 39, p. 56-78, 2008.

NORMAN, Peter. *Plumbers and Visionaires: securities Settlement and Europe's Financial Market*. Londres: John Wiley & Sons Ltd., 2007.

NORONHA, Ilene Patrícia. Aspectos Jurídicos da Negociação de Valores Mobiliários via Internet. In: *Direito e Internet Aspectos – Jurídicos Relevantes*. DE LUCCA, Newton; SIMÃO FILHO, Adalberto (Coord.). 2. ed. São Paulo: Quartier Latin, 2005. p. 177-205.

NUSDEO, Fabio. *Curso de Economia:Introdução ao Direito Econômico*. 3. ed. São Paulo: Revista dos Tribunais, 2001.

PAPINI, Roberto. *Sociedade Anônima e Mercado de Valores Mobiliários*. 1. ed. Rio de Janeiro: Forense, 1999.

PENTEADO, Mauro Rodrigues. Disciplina legal das ações escriturais em Portugal. *Revista de Direito Mercantil, Industrial, Econômico e Financeiro*, v. 29, n. 79, p. 115-136, jan./mar. 1990.

PEREIRA Fº, Valdir C. Clearing Houses: Aspectos jurídicos relevantes e seu papel no mercado de capitais e no sistema de pagamentos brasileiro. *Revista de Direito Bancário e do Mercado de Capitais*, v. 27, p. 64-83, 2005.

_____; HAENSEL, Taimi. A Instrução CVM 476 e as Ofertas Públicas com Esforços Restritos. *Revista de Direito Bancário e do Mercado de Capitais*, v. 45, p. 333-343, 2009.

PERRONE, Andrea. La riduzione del rischio di credito negli strumenti finanziari derivati - profili giuridici. *Quaderni di Banca, Borsa e Titoli di Credito*, v. 19, Milão: Giuffrè, 1999.

PETERS, Austen. *The Custody of Investments*. Oxford: Oxford University Press, 2000.

PINHEIRO, Armando Castelar; SADDI, Jairo. *Direito, Economia e Mercados*. Rio de Janeiro: Elsevier, 2005.

POSNER, Richard. *Economic Analysis of the Law*. 6. ed. New York: Aspen Publishers, 2003.

POTOK, Richard. *Cross Border Collateral*. Londres: Tottel Publishing, 2002.

_____. Providing legal certainty for securities held as collateral. *International Financial Law Review*, v. 18, p. 12-16, dez. 1999.

REALE, Miguel; MARTINS-COSTA, Judith. Da prescrição aquisitiva de ações escriturais. *Revista de Direito Bancário e do Mercado de Capitais*, v. 27, p. 13-19, jan./mar. 2005.

REZEK, José Francisco. *Direito Internacional Público: Curso Elementar*. 6. ed. São Paulo: Saraiva, 1996.

RIZZARDO, Arnaldo. *Contratos de Crédito Bancário*. 5. ed. São Paulo: Revista dos Tribunais, 2000.

ROGERS, James Steven. *An Essay on Horseless Carriages and Paperless Negotiable Instruments: Some Lessons from the Article 8 Revision*. Boston College Law School Research Paper No. 1995-02, 1995. Disponível em: <http://ssrn.com/abstract=771630>. Acesso em: jan. 2012.

_____. *Conflict of Laws for Transactions in Securities Held through Intermediaries*. Boston College Law School Research Paper No. 80, 2006. Disponível em: <http://ssrn.com/abstract=815005>. Acesso em: jan. 2012.

SALLES, Marcos Paulo de Almeida. *O Contrato Futuro*. 1. ed. São Paulo: 2000.

SALOMÃO NETO, Eduardo. *Direito Bancário*. 1. ed. São Paulo: Atlas, 2005.

SANTOS, Theophilo de Azeredo. Notas sobre a Cédula de Crédito Bancário. *Revista de Direito Bancário, do Mercado de Capitais e da Arbitragem*, n. 08, p. 86-95, abr./jun. 2000.

SOUZA JUNIOR, Francisco Satiro. *Regime Jurídico das Opções Negociadas em Bolsas de Valores*. Tese de Doutorado, Faculdade de Direito, Universidade de São Paulo, 2002.

_____. Comentários aos Artigos 193 e 194. In: *Comentários à Lei de Recuperação de Empresas e Falência: Lei 11.101/2005*. SOUZA JUNIOR, Francisco Satiro; PITOMBO, Antônio Sérgio A. de Moraes. (Coord.). 2. ed. rev., atual. e ampl. São Paulo: Revista dos Tribunais, 2007.

SCHWARCZ, Steven L. *Indirectly Held Securities and Intermediary Risk*. Uniform Law Review (Revue de Droit Uniforme), v. 2002, n. 1. Disponível em: <http://ssrn.com/abstract=269349>. Acesso em: jan. 2012.

STRENGER, Irineu. *Direito Internacional Privado*. 3. ed. São Paulo: LTr, 1996.

BIBLIOGRAFIA

TEIXEIRA, Egberto Lacerda; GUERREIRO, José Alexandre Tavares. *Das Sociedades Anônimas no Direito Brasileiro*. São Paulo: Bushatsky, 1979.

TENNEKOON, Ravi C. *The Law & Regulation of International Finance*. Student Edition. Londres: Butterworths, 1991

THEODORO JUNIOR, Humberto. Cédula de Crédito Bancário. *Revista de Direito Bancário, do Mercado de Capitais e da Arbitragem*, v. 22, p. 13-52, out./dez. 2003.

THÉVENOZ, Luc. *Intermediated Securities, Legal Risk, and the International Harmonisation of Commercial Law (01/09/07)*. Duke Law School Legal Studies Paper No. 170, Stanford Journal of Law, Business, and Finance, v. 13, p. 284, 2008. Disponível em: <http://ssrn.com/abstract=1008859>. Acesso em: jan. 2012.

TYSON-QUAH, Kathleen (Ed.). *Cross-Border Securities, Repo, Lending and Collateralisation*. Londres: Sweet&Maxwell, 1997.

UNIDROIT. *The UNIDROIT Convention on Substantive Rules for Intermediated Securities, adopted in Geneva, Switzerland on 9 October 2009 by the diplomatic Conference to adopt a Convention on Substantive Rules regarding Intermediated Securities*. Disponível em: <http://www.unidroit.org/english/conventions/2009intermediatedsecurities/convention.pdf>. Acesso em: jan. 2012.

_____. *Draft Official Commentary on the UNIDROIT Convention on Substantive Rules for Intermediated Securities: cf. CONF. 11-2 - Doc. 5*. Disponível em: <http://www.unidroit.org/english/conventions/2009intermediatedsecurities/conference/conferencedocuments2009/confl1-2-005-e.pdf>. Acesso em: jan. 2012.

_____. *Comments submitted by the Government of the Federative Republic of Brazil CONF. 11/2 – Doc. 17*. Disponível em: <http://www.unidroit.org/english/conventions/2009intermediatedsecurities/conference/conferencedocuments2009/confl1-2-017-e.pdf>. Acesso em: jan. 2012.

_____. *Comments by the Government of the Federative Republic of Brazil Study LXXVIII – Doc. 56 (a)*. Disponível em: <http://www.unidroit.org/english/documents/2006/study78/s-78-056(a-f)-e.pdf>. Acesso em: jan. 2012.

_____. *Working paper regarding so called "Transparent Systems" Study LXXVIII – Doc. 44*. Disponível em: <http://www.unidroit.org/english/documents/2006/study78/s-78-044-e.pdf>. Acesso em: jan. 2012.

_____. *The UNIDROIT Study Group on Harmonised Substantive Rules Regarding Indirectly Held Securities*. Position Paper August 2003. Disponível em: <http://www.unidroit.org/english/documents/2003/study78/s-78-008-e.pdf>. Acesso em: jan. 2012.

VALDEZ, Stephen & WOOD, Julian. *An Introduction to Global Financial Markets*. 4. ed. Londres: Palgrave Macmillan, 2003.

VERÇOSA, Haroldo Malheiros Duclerc Verçosa. A CVM e os Contratos de Investimento Coletivo ("boi gordo" e outros). *Revista de Direito Mercantil, Industrial, Econômico e Financeiro*, v. 108, p. 91-100, out./dez. 1997.

VEIGA, Vasco Soares da. *Direito Bancário*. Coimbra: Almedina, 1994.

WALD, Arnoldo. *Obrigações e Contratos*. 16. ed. São Paulo: Saraiva, 2004.

_____. O regime jurídico das ações escriturais. *Revista de Direito Mercantil, Industrial, Econômico e Financeiro*, v. 26, n. 67, p. 17- 31, jul./set. 1987.

WOOD, Philip R. *Title finance, derivatives, securitisation, set-off and netting*. Londres: Sweet and Maxwell, 1995.

_____. *International Loans, Bonds and Securities Regulation*. Londres: Sweet and Maxwell, 1995.

_____. *Comparative Law of Security and Guarantees*. Londres: Sweet and Maxwell, 1995.

ZUNZUNEGUI, Fernando. *Derecho del Mercado Financiero*. 3. ed. Madrid: Marcial Pons, 2005.